Renée Holler · Das Geheimnis des Druiden

TATORT
GESCHICHTE

Renée Holler

Das Geheimnis des Druiden

Illustrationen von Günther Jakobs

Loewe

Bibliografische Information Der Deutschen Bibliothek
Die Deutsche Bibliothek verzeichnet diese Publikation
in der Deutschen Nationalbibliografie;
detaillierte bibliografische Daten sind im Internet
über *http://dnb.ddb.de* abrufbar.

*Der Umwelt zuliebe ist dieses Buch
auf chlorfrei gebleichtem Papier gedruckt.*

ISBN-10: 3-7855-5668-3
ISBN-13: 978-3-7855-5668-9
1. Auflage 2006

Umschlagillustration: Günther Jakobs
Umschlagfoto: dpa Picture Alliance / Keltische Bronzefibel
(5. bis 4. Jhdt. v. Chr.)
Umschlaggestaltung: Andreas Henze
Printed in Germany (007)

www.loewe-verlag.de

Inhalt

Diebstahl mit Folgen

„Beeil dich“, drängte Damona, „bevor uns jemand sieht.“ Sie kletterte die Leiter zum Speicherhaus hinauf, das auf Pfählen stand, um die Vorräte vor Ratten und Mäusen zu schützen.

Ihr jüngerer Bruder Elico blickte sich vorsichtig um, doch außer einigen Hühnern, die im regennassen Boden nach Würmern suchten, war der Platz menschenleer.

„Wenn das nur gut geht“, murmelte er leise und folgte seiner Schwester in den Bau.

Durch das Haselrutengeflecht der Wände fiel nur schwaches Tageslicht, aber die Geschwister hatten sich schnell an das Halbdunkel gewöhnt. An mehreren Haken gleich neben der Tür hingen die Sicheln und Sensen, mit denen die Knechte im Spätsommer das Heu schnitten. Dem Eingang gegenüber konnte man die Umrisse riesiger Tongefäße erkennen, in denen Nahrungsmittel für die langen Wintermonate gelagert wurden. Davor stand eine weitere Reihe von Weidenkörben, Krügen und Behältern.

Damona stürzte sich auf einen hohen Tontopf, schob den Deckel auf die Seite und schnupperte am Inhalt.

„Met“, stellte sie enttäuscht fest.

Elico stand noch immer unschlüssig am Eingang. Mit den braunen Haaren und den Sommersprossen war er seiner Schwester wie aus dem Gesicht geschnitten, doch er war längst nicht so selbstsicher wie sie. „Was, wenn uns jemand erwischt?“

„Ach was“, beruhigte ihn Damona, während sie mit Daumen und Zeigefinger etwas aus dem nächsten Gefäß pickte und sich in den Mund schob. „Wer soll um diese Zeit schon hierher kommen? Die Knechte sind im Stall und die Mägde im Webhaus oder beim Buttern.“ Sie verzog ihr Gesicht. „Igitt! In Salz eingelegte Schlehen.“ Ohne sich einschüchtern zu lassen, fuhr sie fort, systematisch einen Vorratsbehälter nach dem anderen zu untersuchen.

Wenn auch zögernd, folgte Elico schließlich doch dem Vorbild der älteren Schwester. Er hob den Deckel eines dickbauchigen Behälters und griff erwartungsvoll ins Ungewisse.

„Gerste“, erklärte er und ließ die Körner aus seiner Hand zurück in den Topf rieseln.

Erbsen, Linsen, Saubohnen, Hafer, Hirse, Nüsse ... Unermüdlich suchten sie weiter. Dann plötzlich strahlte Damona übers ganze Gesicht. „Na, endlich!“ Sie tauchte ihren Finger in einen mit Rillen verzierten

Topf und steckte ihn genussvoll in den Mund. „Mmh! Honig schmeckt einfach köstlich.“

Auch Elico setzte an, seinen Finger in die goldene Masse zu tauchen, als er, seine Hand über dem Honigtopf schwebend, auf einmal innehielt.

„Hast du das gehört?“, flüsterte er.

Damona schüttelte den Kopf, während sie immer noch an ihrem Finger lutschte.

„Männerstimmen“, beharrte Elico. „Da kommt jemand ins Speicherhaus.“

Das Mädchen lauschte. Erst konnte sie nur den Regen hören, der unaufhörlich auf das Dach prasselte, doch dann nahm auch sie deutlich Stimmen wahr.

„Das ist Vater“, stellte sie erschrocken fest. „Was will der denn hier?“

„Keine Ahnung“, meinte Elico, während er sich im Raum nach einem Versteck umsah. „Wir könnten uns hinter diesen Körben verbergen.“

„Ich habe eine bessere Idee.“ Damona verschloss

den Honigtopf und deutete auf die Leiter, die unter das Dach des Speicherbaus führte. „Wir klettern in den Heuboden.“

Keinen Augenblick zu früh ließen sich die Geschwister ins weiche Heu fallen, als Fürst Sinorix den Raum betrat, gefolgt von einem bärtigen Mann, dessen schütteres Haar bis auf die Schultern fiel.

Damona warf ihrem Bruder einen viel sagenden Blick zu. Auch er hatte Koloman, den Druiden, an seinem Stab sofort erkannt.

„Hier ist es trocken“, versicherte Fürst Sinorix dem Mann. „Zudem kann niemand unser Gespräch belauschen.“ Er schloss die Tür, bevor er fortfuhr: „Und wie ist es passiert?“

Koloman räusperte sich. „Gestern war er noch da, doch heute Früh war er spurlos verschwunden.“ Er seufzte tief. „Es ist mir völlig unerklärlich, denn außer mir kennt niemand das Geheimversteck im Salzberg.“

„Was ist mit der alten Prophezeiung?“, wollte der Fürst wissen. „Wird sie sich erfüllen?“

Koloman nickte ernst. „Der Diebstahl wird ohne Zweifel den Zorn der Berggeister hervorrufen. Schreckliches Unheil wird über unsere Siedlung hereinbrechen. Wir müssen auf alles gefasst sein.“

„Da bleibt uns nur eines übrig“, meinte Fürst Sinorix entschlossen. „Wir suchen den Dieb, stellen das Diebesgut sicher und geben dem Berg zurück, was ihm gehört.“

„So einfach ist es leider nicht“, murmelte Koloman besorgt. „Sind die Berggeister erst einmal zornig, lassen sie sich nicht so leicht besänftigen.“ Er strich sich nachdenklich über den Bart. „Allerdings gäbe es vielleicht doch eine Möglichkeit, das schlimme Schicksal abzuwenden.“

„Und wie?“ Fürst Sinorix musterte den Druiden erwartungsvoll.

„Wir könnten zumindest versuchen, die Berggeister umzustimmen, indem wir ihnen Opfer darbringen.“ Dann fuhr Koloman mit gedämpfter Stimme fort: „Gold, das mögen sie besonders gern. So viel Gold wie möglich.“

„Das ist kein Problem“, erwiderte Fürst Sinorix erleichtert. „Ich werde gleich für heute Abend eine Ratsversammlung einberufen.“ Er überlegte kurz. „Bis dahin sollten wir allerdings niemandem von dem Diebstahl berichten. Ich möchte nicht, dass unnötige Panik ausbricht.“

„Da bin ich ganz Eurer Meinung. Trotzdem dürfen wir keine Zeit verlieren.“

Wenig später hörten die Geschwister nur noch den Regen auf dem Dach. Die Männer hatten das Speicherhaus verlassen.

„Weißt du, von welcher Prophezeiung die beiden sprachen?“ Es war Damona, die das Schweigen brach.

Elico zuckte mit den Schultern. „Keine Ahnung.“

„Wie können Vater und Koloman nur bis heute Abend warten?“, wunderte sich das Mädchen. „Wenn dieser Diebstahl tatsächlich solche schlimmen Folgen nach sich zieht, muss doch sofort etwas unternommen werden." Sie kroch durch das Heu zur Leiter und begann hinabzusteigen. „Heute Abend ist es vielleicht schon zu spät." Mit einem Satz sprang sie die letzten Sprossen nach unten.

„Wir müssen die Sache unbedingt in die Hand nehmen", verkündete sie, während sie sich das Heu aus dem zu zwei Zöpfen geflochtenen Haar zupfte und ihr Kleid glatt strich.

„Bist du jetzt völlig übergeschnappt?", fragte Elico entsetzt.

„Im Gegenteil." Damona war sich ganz sicher. „Wir werden genau das tun, was Vater zuerst vorgeschlagen hat. Wir stellen den Dieb und geben den Berggeistern ihr Eigentum zurück. Auch wenn Koloman meint, dass es zwecklos ist, sollte man es doch nicht unversucht lassen."

„Du hättest ja Recht", gab ihr Bruder zu, „wenn wir wüssten, was überhaupt gestohlen wurde."

„Na und? Das finden wir schon heraus." Damona glitt zur Tür hinaus und schritt zügig über den Platz, um den sich die Wohngebäude des Fürsten, das Versammlungshaus, die Ställe und einige Wirtschaftsgebäude gruppierten. Doch schon nach ein paar Schritten blieb sie mitten im strömenden Regen stehen.

„Ist das nicht Vocio?“, flüsterte sie ihrem Bruder zu, der ihr dicht auf den Fersen folgte. Sie deutete auf eine Gestalt im Kapuzenmantel, die sich unter einem der vorstehenden Dächer untergestellt hatte.

„Ja“, grinste der Junge. „Wenn das nicht ein Zeichen der Götter ist!“ Elico wusste genau, was im Kopf seiner Schwester vorging: Vocio, der Lehrling des Druiden, war sicher in die Geschichte eingeweiht.

Die Geschwister stürmten auf den Jungen zu.

„Was wurde gestohlen, Vocio?“, fragte Damona ohne Umschweife, nachdem sie den Lehrling kurz begrüßt hatten.

„Gestohlen?“ Vocio blickte sie verständnislos an.

„Na, komm schon“, forderte sie ihn auf. „Du kannst es uns ruhig verraten. Wir wissen, was geschehen ist.“

„Ich habe keine Ahnung, wovon ihr sprecht“, verteidigte sich der Junge. „Außerdem habe ich Koloman seit gestern nicht mehr gesehen. Wie hätte er mir da mitteilen können, was in der vergangenen Nacht aus dem Berg verschwunden ist?“

„Ist ja schon gut“, beruhigte ihn Damona. „Wir glauben dir.“ Sie hielt einen Augenblick inne. „Wieso stehst du eigentlich hier im Regen?“

„Koloman hat mir gesagt, dass ich heute Früh hier auf ihn warten soll. Er wollte etwas mit Fürst Sinorix besprechen. Tut mir wirklich Leid, dass ich euch nicht weiterhelfen kann.“

„Vocio hat keine Ahnung“, stellte Damona enttäuscht fest, als sie wenig später vor dem Haupthaus standen.

„Hat er doch“, widersprach Elico seiner Schwester. „Er weiß genau, was geschehen ist. Der Lehrling lügt. Da irre ich mich bestimmt nicht.“

? *Wieso ist Elico überzeugt, dass Vocio lügt?*

Die Sage vom Zauberstein

„Damona!“ Mutters Stimme kam vom Haupthaus her. Sie stand unter dem Vordach, wo sie eine Felldecke ausschüttelte. „Was machst du hier? Hast du etwa vergessen, dass du Brigid beim Spinnen helfen sollst?“

Damona, die gerade mit Elico besprach, was sie als Nächstes unternehmen sollten, blickte erschrocken auf.

„Natürlich nicht, Mutter“, log sie, „ich bin gerade auf dem Weg zum Webhaus.“

„Und ich geh das Holz hacken“, fügte Elico schnell hinzu, als er sich daran erinnerte, was ihm die Mutter nach dem Aufstehen aufgetragen hatte.

„Ich werde mich weiter umhören“, flüsterte das Mädchen ihrem Bruder leise zu, sodass die Mutter es nicht hören konnte. „Es muss doch außer Vater und dem Druiden noch jemanden geben, der von der Prophezeiung weiß.“

„Bis später“, rief Elico, während er seiner Schwester einen viel sagenden Blick zuwarf. Dann rannte er ums Haus herum, wo neben dem Hackklotz bereits ein Berg Brennholz und die Axt auf ihn warteten. Eilig begann

er, es in gleichmäßige Scheite zu spalten und diese dicht an der Mauer aufzustapeln.

Damona schlug den Weg hangabwärts zum Webhaus ein, das abseits der restlichen Gebäude lag. In Gedanken immer noch bei dem Diebstahl, stieg sie die Holzstufen ins Grubenhaus hinab. Kalte, feuchte Luft schlug ihr entgegen. Im flackernden Licht der Kienspäne, die in Halterungen ringsum an den Wänden steckten, konnte sie die beiden Mägde ausmachen.

Habonia, eine ältere Frau, deren Stoffe die feinsten in der ganzen Gegend waren, stand vor dem Webstuhl, der aufrecht an der Wand lehnte. Brigid, die jüngere Magd, hockte auf einem Schemel, eine Spindel und Wollflaum in der Hand.

„Guten Morgen“, grüßte Damona.

„Morgen?“ Habonia blickte von ihrer Arbeit auf. „Es ist fast Mittag.“ Dann zwinkerte sie der Fürstentochter verschmitzt zu und fuhr fort, ihr Webschiffchen durch die blauen und grünen Kettfäden des Webstuhls zu schieben.

Damona griff lustlos nach einer der Spindeln, die in einer Schale auf dem Tisch lagen, und zog einen Ballen Rohwolle aus dem Korb daneben.

„Wieso ist es im Webhaus nur immer so kalt?“ Sie rieb sich die eisigen Hände, bevor sie sorgfältig anfing, Fasern aus dem Vlies zu zupfen und in die Länge zu ziehen. Mit der anderen Hand gab sie der Spindel einen schwungvollen Stoß. Der kleine Holzstab mit dem Tongewicht fing an, surrend in der Luft zu tanzen, während sich die Wollfasern in einen gleichmäßigen Faden verwandelten. „Mein Vater sollte eine Feuerstelle einrichten.“

„Es hat einen guten Grund, warum es hier feucht und kalt ist“, erklärte Habonia. „Wolle lässt sich so besser verarbeiten, und das Garn reißt nicht so schnell.“

„Ach so. Das wusste ich nicht.“ Damona gab ihrer Spindel einen weiteren Stoß. Doch es gelang ihr heute einfach nicht, sich aufs Spinnen zu konzentrieren, da sie an nichts anderes als den Diebstahl denken konnte.

„Dein Vater und deine Brüder sind doch Bergarbeiter“, sagte sie nach einer Weile zu Brigid. „Da weißt du sicher auch einiges über den Salzberg, oder?“

„Und ob“, antwortete die junge Magd stolz. „Ich war sogar schon mal im Schacht unten. Was möchtest du wissen?“

„Gibt es im Berg irgendetwas Wertvolles, das man stehlen könnte?“

„Na, Salz natürlich.“ Brigid guckte verblüfft. „Salz ist wertvoll. Ohne das Salz würde es unsere Siedlung nicht geben.“

„Stimmt“, erwiderte Damona. „Doch ich meine etwas viel Kostbareres als Salz. Etwas, das, wenn man es aus dem Berg entfernt, den Zorn der Berggeister weckt und damit die Siedlung in schreckliches Unheil stürzt.“

„Dann kann es nicht Salz sein“, überlegte die junge Magd. „Die Berggeister haben nichts dagegen, dass wir Salz abbauen. Und Unheil bringt es schon gar nicht, vielmehr Reichtum und Wohlstand. Allerdings – und das weiß ich ganz bestimmt – haben mein Vater und meine Brüder noch nie etwas anderes als Salz aus dem Berg gebracht."

„Vermutlich meinst du den Zauberstein", kam Habonias tiefe Stimme vom Webstuhl her.

„Welchen Zauberstein?", fragten Damona und Brigid einstimmig.

„Sagt bloß, ihr kennt die Geschichte vom Zauberstein nicht?" Erstaunt drehte sich die Frau um und musterte die beiden Mädchen eingehend. „Als ich klein war, hat mir mein Großvater die alte Sage oft erzählt." Sie wandte sich wieder dem Webstuhl zu.

„Kannst du sie uns erzählen?“, bettelte Damona. „Bitte!“

„Na gut.“ Die Frau räusperte sich, während ihre Hände emsig das Webschiffchen hin- und herschoben. „Tief im Herzen unseres Salzberges gibt es eine wundersame Höhle, die mit glitzerndem Gestein ausgekleidet ist“, begann die Magd. „Schon seit ewigen Zeiten liegt dort ein Bergkristall, der unglaubliche Kräfte hat. Man sagt, dass er im Dunkeln wie ein Stern leuchtet und so durchsichtig wie klares Wasser sein soll. Wenn man genau hinschaut, kann man darin angeblich sogar die Zukunft sehen. Seine wichtigste Eigenschaft jedoch ist, dass er unsere Bergleute beschützt, das Wohl der Siedlung am Berg sicherstellt und Macht, Reichtum und Erfolg schenkt.“

„Wenn es jemand auf Macht und Reichtum abgesehen hätte“, unterbrach Damona die Magd, „könnte er nicht den Stein stehlen und sich damit auf und davon machen?“

„So einfach ist das nicht“, fuhr Habonia fort. „Der Weg zu der Höhle, in der der Zauberstein liegt, führt nicht durch die üblichen Schächte, in denen unsere Bergleute Salz schlagen. Vielmehr gelangt man dorthin durch gefährliche dunkle Gänge, in denen Dämonen, Kobolde und Berggeister ihr Unwesen treiben.

Nur Auserwählte wie die Druiden dürfen den Stein sehen, und nur sie kennen den Weg. Andere Sterbliche, die nach dem Kristall suchen, werden von den Berggeistern in die Irre geleitet und finden niemals wieder lebend aus dem Berg heraus."

„Aber was, wenn es ein Mensch doch schafft, den Zauberstein zu stehlen und die Geister auszutricksen?" Damona fröstelte. „Was würde dann geschehen?"

„Das ist unmöglich", erwiderte die Magd. Doch dann fuhr sie zögernd fort. „Falls es doch jemandem gelingen sollte, den Stein aus dem Berg zu schaffen, so sagte mein Großvater, dass der Groll der Berggeister unbeschreiblich sein würde. Grubenunglücke, Krankheiten, Erdrutsche und Lawinen würden den Ort zerstören."

Einen Augenblick lang konnte man nur das Surren der Spindeln und den Regen auf dem Dach hören.

„Teutates und Epona, steht uns bei", murmelte die alte Frau schließlich leise, „und verschont uns vor einem derartigen Schicksal." Dann wandte sie sich tröstend der Fürstentochter zu. „Mach dir keine Sorgen. Der Zauberstein liegt wohlbehalten im Herzen des Salzbergs. Koloman hütet den Stein wie seinen Augapfel. Er würde niemals zulassen, dass er gestohlen wird.“

Doch Damona machte sich Sorgen. Sie stieß ihre Spindel so heftig an, dass der Faden riss und sie krachend auf dem Boden aufschlug.

„So ein Mist“, schimpfte sie. „So ein Mist!“

Als Damona am Spätnachmittag durchnässt und frierend in das wunderbar warme Wohnhaus trat, konnte sie es kaum erwarten, mit ihrem Bruder zu sprechen.

Erstaunt blieb sie im Eingang stehen: In dem Raum herrschte absolutes Chaos. Ihr Vater schritt gereizt auf und ab, während Ula, die Magd, sich bückte, um unter die Bank zu sehen. Da sie nicht fand, was sie suchte, hob sie die Schafs- und Wolfsfelle an, die den Boden bedeckten. Auch die Mutter schob Körbe und Schalen hin und her und blickte suchend zur Decke des Hauses, wo hoch über der Feuerstelle die Schinken zum Räuchern hingen.

Damona schlüpfte ungesehen zu ihrem Bruder, der von einer Bank aus stumm das Geschehen beobachtete.

„Was ist denn hier los?“, fragte sie leise.

„Vater will für die Ratsversammlung seine Festkleidung anlegen, doch sein Dolch ist verschwunden.“ Elico runzelte ernst die Stirn. „Daran sind sicher die Berggeister schuld.“

„Unsinn“, zischte Damona. „Der Dolch ist nicht verschwunden. Ich kann ihn deutlich sehen. Was die Berggeister betrifft, da habe ich dir allerdings einiges zu berichten.“

? *Wo ist der Dolch des Fürsten?*

Die Rache der Berggeister

Die Nachricht, dass der Zauberstein aus dem Berg verschwunden war, hatte sich nach der Ratsversammlung wie ein Lauffeuer in der Siedlung verbreitet. Trotz des anhaltenden Regens gingen die ersten Leute gleich nach Tagesanbruch zum Brandopferplatz, um Koloman Schmuck und andere wertvolle Gegenstände zu überbringen.

Der Druide wollte sich sofort um die Opferrituale kümmern. Auch Fürst Sinorix hatte den Berggeistern, bereits am Vorabend, ein großzügiges Opfer gebracht.

„Meinst du, die Berggeister lassen sich tatsächlich durch das Opfer besänftigen?“, fragte Elico seine Schwester leise, während er einen Löffel Gerstenbrei in seinen Mund schob. „Wenn der Bergkristall solche Zauberkräfte besitzt, lässt er sich doch nicht mit Gold aufwiegen.“

Damona nickte stumm. Dann meinte sie entschlossen: „Wenn wir helfen wollen, die Katastrophe abzuwehren, müssen wir den Zauberstein finden und ihn den Berggeistern zurückgeben."

„Aber wie sollen wir das anstellen?"

Das Mädchen seufzte. „Wenn ich das nur wüsste."

„Sobald ihr mit dem Frühstück fertig seid", kam Mutters Stimme von der Feuerstelle, „könnt ihr für mich einen Botengang erledigen."

Damona blickte erfreut von der Schüssel auf. Alles war besser, als einen Tag im kalten Webhaus zu verbringen. Vielleicht würde sich bei diesem Botengang sogar die Gelegenheit ergeben, dem Dieb auf die Spur zu kommen.

„Ihr wisst doch, wo die Hütte von Agron, dem Schmied, ist?" Ohne eine Antwort abzuwarten, fuhr die Mutter fort. „Ein schlimmes Fieber hat ihn erwischt." Sie deutete auf ein Bündel in einem Henkelkorb. „Diese Kräuter hier helfen, das Fieber zu senken. Bringt sie zu Airmid, Agrons Frau. Sie soll einen Aufguss brühen und ihn dem kranken Mann dreimal täglich einflößen. In ein paar Tagen wird es ihm damit wieder besser gehen."

Damona erhob sich, stellte ihre Schüssel auf den Tisch und griff nach dem Korb.

„Da ist noch etwas“, fiel ihrer Mutter ein. „Vater hat Agron den Auftrag gegeben, für Nikomedes eine Fibel anfertigen zu lassen. Die könnt ihr gleichzeitig abholen. Vater wollte sie dem Händler noch vor seiner Abreise schenken.“

„Reist er schon wieder ab?“, wunderte sich Elico. „Schade. Ich dachte, er würde noch etwas länger bei uns bleiben.“ Er mochte Nikomedes, der alljährlich aus dem Süden zum Salzberg reiste, um mit seinen Waren zu handeln.

Es goss noch immer in Strömen, als die Geschwister wenig später aus dem Haus traten. Damona musterte die grauen Regenwolken, die über den Bergen hingen, dann zog sie sich den Umhang tiefer ins Gesicht und folgte ihrem Bruder den Hang hinab. Der ausgetrete-

ne Pfad, der vom Hof des Fürsten zur Befestigungsmauer mit dem schweren Tor und von dort zur Handwerkersiedlung auf dem Moorboden führte, hatte sich in einen Bach verwandelt.

„Schau dir nur die Wassergräben an!“ Damona deutete auf die schmalen Kanäle, als sie die ersten Häuser der Siedlung erreichten. Um den sumpfigen Boden des Ortes trockenzulegen, hatte man hier ein System von Gräben angelegt. Auf diese Weise wurden kleine Inseln geschaffen, auf denen die Wohnbauten und Werkstätten standen. „Wenn der Regen anhält, dann wird das Wasser bald über die Ufer treten und die Häuser der Handwerker überschwemmen.“

„Die Rache der Berggeister“, stellte Elico finster fest. Er schauderte.

„Quatsch.“ Damona wollte es einfach nicht glau-

ben. „Das geschieht jedes Mal, wenn es viel regnet." Sie trat auf die Seite, um eine Gruppe von Lastpferden, die Körbe voller Steinsalz schleppten, vorbeizulassen.

Der Weg zu Agrons Haus führte quer durch die Siedlung, über mehrere Holzstege, die die angeschwollenen Kanäle überspannten. Doch es war nicht weit, und bald hatten die Geschwister die Schmiede erreicht. Elico klopfte an die Tür, die kurz darauf von einer blassen Frau geöffnet wurde. Auf der Hüfte wiegte sie einen schreienden Säugling. Hinter ihrem Rock äugte ein kleiner Junge hervor, der sich ständig seine laufende Nase mit dem Hemdsärmel abwischte.

„Du meine Güte", sagte Airmid, nachdem sie die

Fürstenkinder begrüßt hatte. „Ihr seid ja klatschnass. Kommt herein, bevor ihr euch den Tod holt."

Zögernd traten Damona und Elico über die Schwelle in die warme Stube. In einer Ecke sahen sie ein Schlaflager und eine Wiege, die von der Decke hing. Eine Gestalt auf dem Bett wälzte sich unter einer Felldecke unruhig hin und her.

„So geht es ihm schon seit gestern", jammerte die Frau. „Und jetzt hat es den Kleinen auch erwischt." Sie hielt dem Jungen, der sich immer noch ängstlich an ihrem Rock festklammerte, die Hand auf die Stirn. „Er glüht wie Kohle."

Damona zog das Bündel aus ihrem Korb und reichte es der Frau.

„Mutter hat Euch Kräuter geschickt. Sie meint, die würden helfen, das Fieber zu senken."

„Wie nett von eurer Mutter", bedankte Airmid sich hustend. „Doch ich zweifle, dass uns noch zu helfen ist. Man muss ja nur nach draußen schauen. Dieser ewige Regen wird noch einen Erdrutsch verursachen, der uns alle verschluckt. Koloman hätte den Zauberstein besser bewachen sollen."

„Ich glaube nicht, dass das Fieber und der Regen mit dem Zorn der Berggeister zu tun haben", versuchte Damona, die Frau zu trösten.

Doch Airmid war überzeugt. „Das Unglück ist nicht mehr aufzuhalten. Wir werden alle zu Grunde gehen." Sie schüttelte traurig den Kopf. „Wenn ich der Druide wäre", fuhr sie fort, „würde ich meine Zeit allerdings nicht mit unnützen Opfern verschwenden. Stattdessen würde ich jedes einzelne Haus der Siedlung durchsuchen. Insbesondere die Unterkünfte der Wanderarbeiter, die im Winter zu uns kommen, um im Bergwerk zu arbeiten. Jeder ist verdächtig. Irgendwo würde ich den Zauberstein schon finden."

„Unser Vater hat bei Agron eine Fibel bestellt", wechselte Elico das Thema. Er wollte nichts mehr über die Berggeister hören. „Wir sollen sie abholen."

Airmid überlegte einen Augenblick. „Die ist sicher in der Schmiede. Folgt mir."

Sie griff nach einem Umhang, der neben der Tür hing, und trat mit dem Baby auf dem Arm und dem Jungen im Schlepptau aus der Stube in den Regen hinaus. Die Schmiede lag auf der anderen Seite eines kleinen Hofes, gleich neben dem Schweinestall.

„Der Brennofen ist erkaltet", erklärte Airmid, als sie die Tür zur Werkstatt öffnete. „Das ist noch nie pas-

siert. Agron sorgt gewöhnlich dafür, dass das Feuer nicht ausgeht. Doch was kann ich schon ausrichten, jetzt, wo er krank ist." Dann deutete sie auf einen Tisch, vor dem ein dreibeiniger Schemel stand. „Die fertigen Fibeln liegen alle auf der Werkbank, neben dem Werkzeug."

„Und welche dieser Fibeln hat Vater bestellt?" Elico musterte die Anstecknadeln. Neben schlichten, einfachen Nadeln fanden sich da alle möglichen Formen: Vögel, Pferdchen, kleine Menschenfiguren, wilde Fratzen, winzige Schnabelschuhe und Wildschweine.

„Keine Ahnung“, seufzte Airmid. Dann fiel ihr etwas ein. „Agron hat die Fibel für euren Vater erwähnt. Es war die letzte, die er goss, bevor es ihm zu schlecht ging, um weiterzuarbeiten.“ Sie hielt einen Augenblick inne. „Ich hatte noch keine Zeit, die Schmiede aufzuräumen. Mit etwas Glück können wir die zerbrochene Form finden und mit den fertigen Fibeln vergleichen. Dann wissen wir gleich, um welche es sich handelt.“

„Worauf warten wir noch“, meinte Damona und begann, die Werkstatt zu durchsuchen. Da gab es nicht nur Bronzefibeln, sondern auch halb fertige Eisenschwerter, Speerspitzen und kunstvoll verzierte Dolche, die sie ehrfurchtsvoll bewunderte. Die unscheinbaren Scherben neben dem Brennofen beachtete sie zunächst nicht. Elico allerdings hatte sie gleich entdeckt.

„Hier ist die Form!“, rief er triumphierend, sammelte die Scherben auf und hielt das größte Bruchstück neben die Anstecknadeln auf der Werkbank.

„Man kann tatsächlich deutlich erkennen, welche Fibel in dieser Form gegossen wurde“, staunte er. „Es ist diese hier.“ Und er griff vorsichtig nach dem Schmuckstück.

Welche Fibel hat Fürst Sinorix bestellt?

Magische Kreise

Wenig später waren die Geschwister wieder auf dem Nachhauseweg.

„Airmid hat Recht“, meinte Damona, während sie gegen den Wind, der ihr den Regen ins Gesicht peitschte, ankämpfte. „Koloman und Vater sollten jedes Haus in der Siedlung durchsuchen lassen. Irgendwo muss der Zauberstein doch aufzufinden sein.“

„Wir könnten es Vater vorschlagen“, überlegte Elico. „Seine Krieger ...“

„Nikomedes!“, unterbrach ihn seine Schwester plötzlich. „Wieso ist mir das nicht schon eher eingefallen.“

„Was?“ Elico verstand nicht.

„Nikomedes hat den Stein gestohlen“, Damona war sich ganz sicher.

„Nikomedes? Niemals.“ Der Junge widersprach heftig. „Der ist viel zu nett. Er hat mir erst vor einigen Tagen eine winzige Silberscheibe geschenkt, auf der eine Eule abgebildet ist.“

„Na und?“, fragte Damona. „Das bedeutet gar nichts. Denk doch mal nach. Wieso will er so überstürzt abreisen?“

„Er will noch vor Einbruch des Winters über die

Berge“, erklärte Elico. „Sobald es schneit, sind die Pässe dicht, und er müsste bis zum nächsten Frühjahr warten.“

„Klar, dass er das als Grund vorschiebt.“ Damona war von ihrer Idee überzeugt. „In Wahrheit will er sich jedoch so schnell wie möglich mit unserem Zauberstein davonmachen.“

„Das ist der größte Unsinn, den ich je gehört habe. Nikomedes besucht uns schon seit Jahren. So etwas würde er nie tun.“

„Trotzdem“, verkündete Damona entschieden, „sollten wir sein Reisegepäck durchsuchen.“

Inzwischen hatten sie die fürstliche Siedlung erreicht, und das Mädchen steuerte direkt auf den Bau zu, in dem Fürst Sinorix’ Gäste untergebracht wurden.

„Du stehst am Eingang Wache“, befahl sie, „während ich mich drinnen umsehe.“

„Du spinnst“, meinte Elico kopfschüttelnd. Dann gab er schließlich doch nach und stellte sich vor die

Tür, während seine Schwester mit klopfendem Herzen das Gästehaus betrat.

Nur eines der Schlaflager im Raum war derzeit benutzt. Das Bündel daneben war nicht zu übersehen. Damona schnürte es auf und breitete den Inhalt auf der Felldecke aus: mehrere Hemden, ein paar Ledersandalen, ein Umhang sowie ein Beutel mit Silberstücken. Sonst nichts. Erst nachdem sie das Gepäckstück wieder neben dem Lager verstaut hatte, fiel ihr die Ausbuchtung unter der Decke auf. Eilig schlug sie das Fell auf die Seite, doch dort lag nur ein breitkrempiger Hut. Den Zauberstein konnte sie nirgendwo finden.

Enttäuscht schlüpfte das Mädchen aus dem Raum, gerade in dem Augenblick, als Elico laut pfiff – ihr geheimes Zeichen, dass sich jemand näherte. Fürst Sinorix und Nikomedes kamen den Hang herauf.

„Ah, Elico und Damona. Habt ihr die Fibel?“, fragte der Fürst, ohne sich zu wundern, was sein Sohn und seine Tochter vor dem Gästehaus trieben.

„Ja“, erwiderte Damona eilig und holte die Fibel, die Airmid in einen Lappen gewickelt hatte, aus dem Korb.

Der Vater schlug den Stoff sorgfältig beiseite und musterte das Stück. „Eine einmalige Arbeit, wie immer“, stellte er zufrieden fest und zeigte sie seinem Gast, der die Schmucknadel ebenso bewunderte. Dann wandte er sich an seinen Sohn.

„Elico, ich wollte mit Nikomedes zum Kampfplatz gehen, auf dem unsere Krieger trainieren. Hast du Lust mitzukommen? Das interessiert dich doch auch.“

„Und ob!“ Elico strahlte übers ganze Gesicht. „Danke, Vater.“ Nichts machte ihm mehr Spaß, als Vaters Männern beim Schwertkampf zuzuschauen.

„Darf ich auch mit?“, bettelte Damona.

Fürst Sinorix schüttelte den Kopf. „Nein. Deine Mutter will, dass du ins Webhaus gehst. Du sollst Habonia beim Spinnen helfen.“

Schmollend wandte sich Damona ab und schlug den Pfad ein, der zum Grubenhaus führte. Sie wäre auch gerne zum Kampfplatz gegangen, doch noch viel schlimmer fand sie, dass sich ihre Vermutung, den Zauberstein im Bündel des Fremden zu finden, als falsch erwiesen hatte. Was sollten sie als Nächstes unternehmen?

Der Regen trommelte noch immer auf das Schilfdach, als die Familie des Fürsten ihr Abendmahl, das aus Ritschert und frischem Brot bestand, beendete.

Fürst Sinorix und seine Frau zogen sich auf die Bank neben dem Feuer zurück, um die Ereignisse des Tages zu besprechen, während Damona Elico zusah, wie er anfing, aus einem Holzscheit ein Schwert zu schnitzen. Ula, die Magd, war gerade dabei, das Geschirr vom Tisch zu räumen, als es an der Tür klopfte.

„Ein Junge will mit euch sprechen“, verkündete sie den Geschwistern kurz darauf leise.

„Wieso bittest du ihn nicht ins Haus?“, wunderte sich Damona.

„Er will nicht hereinkommen“, antwortete die Magd. „Er besteht darauf, dass ihr zu ihm geht.“

Damona warf ihrem Bruder einen verwirrten Blick zu. Was konnte das nur bedeuten? Stumm begaben sie sich vor die Tür. Unter dem Vordach stand ein Junge, der den typischen spitzen Fellhut eines Bergmanns trug.

Damona musterte ihn neugierig. Dann lächelte sie.

„Bist du nicht Bran, Brigids Bruder?“

Der Junge nickte. „Vocio, der Lehrling des Druiden, schickt mich“, erklärte er, während er nervös von einem Bein aufs andere trat. „Er hat eine Botschaft für euch.“

„Und?“

„Ihr sollt ihn morgen Früh, gleich nach Tagesanbruch, im Wald auf der anderen Seite des Wildbachs treffen.“

„Im Wald am Wildbach?“ Elico starrte Bran ungläubig an. „Spukt es dort nicht?“

„Und ob“, erwiderte der Junge ernst. „Er wird nicht umsonst Geisterwald genannt.“

„Und wieso kommt Vocio nicht selbst, um mit uns zu sprechen?" Damona verstand nicht, warum der Lehrling des Druiden ein so kompliziertes Treffen arrangierte.

„Er und Koloman haben viel zu tun", vermutete der Junge. „Und morgen soll er den ganzen Tag im Wald Misteln sammeln."

„Weißt du, was er von uns will?" Elico betrachtete Bran fragend.

„Keine Ahnung. Er hat sehr geheimnisvoll getan. Auf jeden Fall scheint es wichtig zu sein. Er hat mir außerdem genau beschrieben, in welche Richtung ihr gehen sollt, um ihn zu finden." Bran runzelte angestrengt die Stirn. „Zuerst müsst ihr über den Steg, um auf die andere Seite des Baches zu kommen. Danach geht es an den großen Tannen vorbei, immer geradeaus in den Wald hinein, bis ihr zu einer Lichtung kommt. Dort wird euch Vocio erwarten."

Bran musterte die Geschwister besorgt. „An eurer Stelle würde ich nicht in den Wald gehen. Besonders nicht um diese Jahreszeit. In wenigen Tagen ist Samhain. Da sind die Grenzen zwischen unserer Welt und der Anderwelt der Verstorbenen viel durchlässiger als gewöhnlich, das wisst ihr. Dann können die Totengeister ohne Schwierigkeiten in unsere Welt gelan-

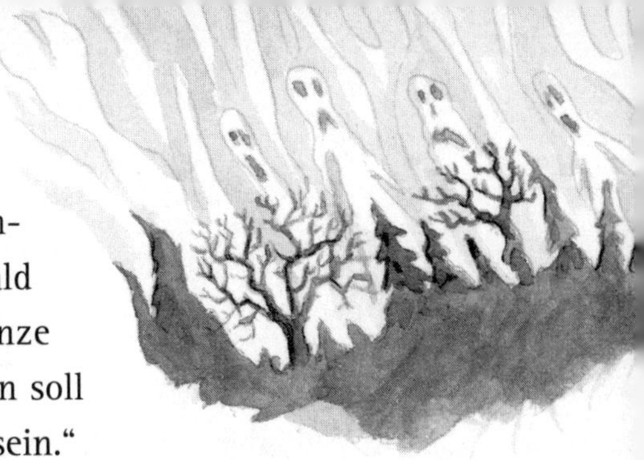

gen, um dort Unheil anzurichten. Im Geisterwald spukt es zwar das ganze Jahr, doch vor Samhain soll es besonders schlimm sein.“

„Du hast Recht.“ Elico schauderte beim bloßen Gedanken. „Vielleicht sollten wir doch warten, bis Vocio wieder vom Mistelsammeln zurückkommt.“

Bran wollte sich gerade wieder auf den Weg machen, als ihm noch etwas einfiel. „Das hätte ich beinahe vergessen.“ Er griff in seine lederne Schultertasche. „Vocio hat mir noch etwas für euch gegeben.“ Gleich darauf streckte der Junge seine flache Hand aus, auf der zwei kleine Bronzescheiben lagen, die auf Lederbändchen aufgefädelt waren.

„Schmuck?“, wunderte sich Damona. „Wozu das?“

„Das sind Amulette. Sie sollen euch vor Geistern schützen.“

Damona sah sich die Anhänger interessiert an. „Das sind magische Kreise“, stellte sie fest.

„Richtig“, verkündete Bran. „Wenn ihr damit böse Kräfte abwehren wollt, müsst ihr den Kreis und das zugehörige Muster mit einem Fingerzug nachfahren. Es funktioniert nur, wenn man den Finger dabei nicht absetzt und jede Strecke nur einmal durchzieht. Macht man es falsch, sind sie wirkungslos."

„Das ist unmöglich!" Elico betrachtete stirnrunzelnd die verschlungenen Muster.

„Doch, es geht. Vocio hat es mir gezeigt. Allerdings", Bran zupfte sich verlegen am Ohrläppchen, „kann ich mich einfach nicht mehr erinnern, wie er es gemacht hat."

„Na, das ist ja toll", stöhnte der Fürstensohn. „Und wie sollen wir herausfinden, wie es geht?"

„Kein Problem", verkündete Damona stolz, während sie langsam mit ihrem Zeigefinger das Muster entlangfuhr. „Ich weiß es schon."

? *Wie kann man das Muster mit einem Zug nachfahren?*

Im Geisterwald

„Hervorragende Idee mit den Haselnüssen“, lobte Damona ihren Bruder. „Ich hätte einen weiteren Tag im Webhaus nicht ertragen.“

„Irgendetwas musste ich mir doch einfallen lassen“, grinste Elico. „Oder denkst du, ich hätte mich tatsächlich allein in den Geisterwald gewagt? Auf keinen Fall.“

Gleich am Morgen nach dem Aufstehen hatte Elico der Mutter vorgeschlagen, dass er zusammen mit Damona Nüsse sammeln könnte. Die Zeit der Haselnussernte war zwar eigentlich schon vorbei, doch Elico hatte behauptet, entlang des Wildbachs noch einige übrig gebliebene entdeckt zu haben. Die Mutter ließ sich gleich für die Idee begeistern, denn mehr Nüsse für den Winter konnte man immer gebrauchen.

Der ewige Regen hatte in der Nacht endlich aufgehört. Stattdessen lag die Siedlung in Nebel eingehüllt, der in Schwaden von den Gipfeln herabzog. Die Geschwister eilten an den Handwerkshäusern vorbei, deren verwaschene Umrisse kaum zu erkennen waren, immer geradeaus zu der Stelle, wo der Weg scharf nach rechts abbog. Von dort führte ein steiler Pfad bergab zum Handelsplatz am Fluss, wo das Steinsalz auf Schiffe verladen und in ferne Länder transportiert wurde. Der Steg, der über den Wildbach führte, lag nur ein kurzes Stück den Hang hinab.

„Na, das kann ja heiter werden", stöhnte Elico. Durch den anhaltenden Regen der vergangenen Tage hatte sich der Bach in ein Furcht erregendes Ungeheuer verwandelt, das laut tosend in die Tiefe rauschte und die Holzbalken des Stegs gefährlich umwirbelte. Auf der anderen Seite lag der dunkle Wald.

„Vielleicht sollten wir doch umkehren", flüsterte Elico, als sie zögernd über die Brücke schritten. Er blickte sich vorsichtig um. Hinter jedem Baumstamm konnte ein Geist auf sie lauern.

„Uns wird schon nichts passieren“, ermutigte ihn seine Schwester und griff nach dem Anhänger um ihren Hals. „Wir haben ja die Amulette.“

Ein plötzliches Rascheln ließ sie aufschrecken. Etwas huschte blitzschnell an ihr vorbei und verschwand im Unterholz.

„Ein Waldgeist“, flüsterte sie mit Geisterstimme.

„Das ist nicht komisch“, fuhr Elico seine Schwester an. „Außerdem war das kein Geist, sondern nur ein Hase.“

Sie marschierten zügig über den weichen Waldboden, der sich so voller Regen gesogen hatte, dass er bei jedem Schritt laut schmatzte.

„Vocio!“ Damona hatte eine Gestalt im Kapuzenmantel entdeckt. Die Person blieb kurz stehen, dann eilte sie durch die Bäume davon, wo sie bald vom Nebel verschluckt wurde.

„Das war nicht Vocio“, stellte Elico fest. „Der Lehrling des Druiden ist kleiner.“

„Wenn es nicht Vocio war, dann war es ein Geist.“ Damona kicherte nervös.

„Nein“, klärte Elico sie auf. „Das war bestimmt Orin, der Einsiedler. Er wohnt hier im Wald.“

Endlich erreichten sie die Lichtung, die ihnen Bran am Vorabend beschrieben hatte. Doch der Lehrling des Druiden war nirgends zu sehen.

„Hallo“, kam eine Stimme von oben, und im nächsten Augenblick landete Vocio elegant auf dem Waldboden. „Ich dachte schon, ihr kommt überhaupt nicht mehr.“

„Wieso hast du uns hierher bestellt?“, wollte Damona gleich wissen.

„Ich muss Misteln schneiden“, erklärte der Junge und deutete auf eine kleine goldene Sichel in seiner Hand. „Koloman braucht sie für Samhain.“

„Wie interessant“, erwiderte Damona spöttisch. „Ich hoffe, das ist nicht der einzige Grund, warum du uns sehen willst.“

„Nicht so laut“, flüsterte Vocio und sah sich vorsichtig um. „Es war die einzige Möglichkeit, mit euch zu sprechen, ohne dass Koloman davon erfährt. Kommt, wir können uns unterhalten, während ich weiter nach Misteln suche.“ Langsam schritt er über den Waldboden, seinen Blick stets auf die Baumwipfel gerichtet.

„Vor ein paar Tagen“, gestand er, „habe ich euch angelogen.“

„Das wissen wir bereits“, verkündete Damona trocken. „Deswegen hättest du uns nicht in den Geisterwald zu locken brauchen.“

„Der Zauberstein“, fuhr der Junge leise fort, „wurde überhaupt nicht gestohlen.“

„Du flunkerst schon wieder“, rügte ihn die Fürstentochter.

„Nein, Ehrenwort“, versicherte Vocio. „Ich habe ihn mit eigenen Augen gesehen.“

„Da irrst du dich bestimmt“, fiel ihm Elico ins Wort. „Koloman war sich ganz sicher, dass er gestohlen wurde.“

„Koloman lügt“, verkündete Vocio. „Ich schwöre bei Taranis, der Bergkristall liegt unberührt im Salzberg.“

„Aber wieso sollte der Druide ein solches Lügenmärchen verbreiten?“ Elico glaubte ihm immer noch nicht.

„Das ist mir auch ein Rätsel.“ Vocio zuckte ratlos die Achseln. „Doch Koloman ist gefährlich, und ich wollte euch warnen. Der Druide plant etwas Böses, den Verdacht habe ich seit langem.“

„Warum bist du nicht gleich zu unserem Vater gegangen?“, entgegnete Damona.

„Mein Wort gegen das des Druiden?“ Vocio lachte hell auf. „Der Fürst würde mir diese Geschichte niemals abnehmen.“ Der Junge begann, geschickt einen Stamm hochzuklettern. Er hatte eine Mistel entdeckt.

„Und wieso nimmst du an, er würde uns mehr Glauben schenken als dir?“, wunderte sich Elico.

„Nein!“ Vocio schüttelte heftig den Kopf. „Ihr dürft auf keinen Fall weitererzählen, was ich euch verraten habe. Auch dem Fürsten nicht.“

„Das verstehe ich nicht.“ Damona blickte den Jungen verwirrt an. „In der ganzen Siedlung herrscht

Panik. Meinst du nicht, die Leute haben ein Recht darauf zu erfahren, dass sie sich unnötig Sorgen machen?“

„Hört genau zu“, fuhr Vocio fort, während er mit der Sichel vorsichtig einen Mistelzweig vom Ast löste. „Koloman hat etwas vor. Zwar habe ich noch nicht herausgefunden, was, doch es kann sich um nichts Gutes handeln.“

„Na und“, unterbrach ihn Elico. „Unser Vater kann ihn leicht davon abhalten.“

„Koloman ist ein mächtiger Zauberer“, widersprach Vocio. „Gegen ihn können selbst die Krieger des Fürsten nichts ausrichten.“ Er blickte sich vorsichtig um und sprach mit gedämpfter Stimme weiter. „Was immer es ist, soll an Samhain geschehen. Das gibt mir genug Zeit, einen Gegenzauber zu entwickeln, der dem gefährlichen Druiden ein für alle Mal das Handwerk legt.“ Er blickte die Geschwister ernst an. „Dazu ist es allerdings äußerst wichtig, dass ihr schweigt. Könnt ihr mir das versprechen?“

„Na gut“, gab Damona widerwillig nach. „Wir werden kein Wort darüber verlieren.“

„Danke. Und jetzt geht ihr besser nach Hause, bevor euch Koloman erwischt.“

„Und wie sollen wir das schaffen, ohne uns zu verirren?“ Elico sah sich besorgt um. Sie hatten sich weit von der Lichtung entfernt, auf der sie Vocio gefunden hatten. Jeder Baumstamm sah wie der andere aus.

„Ihr müsst hier entlang.“ Vocio deutete einen Hang hoch. „Immer geradeaus, bis ihr zu einer Felsengruppe kommt. Von dort wird euch der Hexenring den richtigen Weg weisen.“

„Hexenring?“, fragte Damona. „Was soll denn das sein?“

„So nennt man Fliegenpilze, die in Kreisform wachsen“, erklärte der Junge. „Einer der Pilze ist mit einem Pfeil markiert.“

„Und der Pfeil“, ergänzte Elico erleichtert, „zeigt an, welche Richtung wir einschlagen sollen.“

„So einfach ist das nicht“, grinste Vocio. „Ihr müsst erst zählen.“

„Zählen?“ Damona verstand nicht.

„Das ist eine von Kolomans Ideen“, erklärte der Junge, der es sich inzwischen auf einem breiten Ast bequem gemacht hatte. „Er will damit die Waldgeister irreleiten. Aber es ist leicht, den richtigen Weg herauszufinden.“ Er fuhr flüsternd fort. „Mit dem markierten Pilz beginnend, müsst ihr rechts herum im Kreis bis sieben zählen. Beim darauf folgenden Pilz beginnt ihr wieder von neuem mit eins, zählt bis sieben und immer so weiter. Jeder siebte Pilz wird dann in den folgenden Runden übersprungen und vom Zählen ausgeschlossen.“

„Jetzt wird mir alles klar.“ Damona nickte. „Es werden immer weniger Pilze, bis am Schluss nur noch einer übrig bleibt.“

„Genau. Und dieser Pilz zeigt die Richtung an, in der die Lichtung und der Wildbach liegen."

Die beiden Geschwister verabschiedeten sich von Vocio und machten sich auf den Weg. Tatsächlich dauerte es nicht lange, und sie hatten die Felsengruppe erreicht, neben der auf dem Waldboden ein Hexenring wuchs.

„Möchte wetten, es geht hier lang", meinte Elico.

„Mal sehen, ob du Recht behältst." Seine Schwester war sich nicht so sicher.

Gemeinsam zählten sie die Pilze ab, bis nur noch einer übrig war.

„Was?", staunte der Junge. „Das hätte ich nie gedacht." Der Pilz zeigte in genau die entgegengesetzte Richtung. „Wenn das nur stimmt. Ich habe nämlich keine Lust, mich hoffnungslos im Geisterwald zu verlaufen."

In welche Richtung zeigt der letzte Pilz?

Die Ratsversammlung

„Cardixa!“ Die Mutter schaute erfreut von ihrer Näharbeit auf. „Welche Überraschung.“

Cardixa, eine reiche Witwe, deren verstorbener Mann Bergwerksvorsteher gewesen war, hatte das Haus des Fürsten betreten. Sie legte ihren Umhang ab und reichte ihn der Magd.

„Es ist zu kalt für diese Jahreszeit“, stellte sie fest, während sie ihre Hände ans wärmende Feuer hielt. „Feucht und neblig. Wenn das nicht mit dem Fluch der Berggeister zu tun hat.“

„Setzt Euch“, die Mutter deutete auf einen Hocker. „Wie wäre es mit einem Becher heißer Milch? Bei diesem Wetter erkältet man sich allzu leicht.“

„Danke.“ Frau Cardixa nahm das Angebot lächelnd an und ließ sich am Tisch nieder.

Damona, die ihrer Mutter geholfen hatte, eine neue Winterhose für Elico zu nähen, schob den zugeschnittenen Stoff auf die Seite.

„Eigentlich bin ich auf dem Weg ins Versammlungshaus“, erklärte Cardixa, „doch ich bin zu früh dran.“

Die Mutter reichte der Frau den Milchbecher.

„Mhm, das tut gut.“ Sie nahm einen Schluck. „Die

Lage scheint ja tatsächlich ernst zu sein", fuhr sie fort, „sonst hätte der Fürst sicher nicht schon wieder eine Versammlung einberufen."

Fürstin Vanora nickte traurig. „Dieses Mal hat er sogar nicht nur die Ratsherren und die Adeligen geladen, sondern die ganze Bevölkerung."

„Dann haben unsere Opfer also nicht gewirkt?"

„Nein", seufzte die Mutter. „Koloman ist überzeugt, dass uns die Berggeister mehr denn je zürnen."

Cardixa schauderte. Doch dann hellte sich ihr Gesicht auf. „Sprechen wir über erfreulichere Dinge." Sie hob stolz ihr Kinn. „Was haltet Ihr von meinem neuen Haarreif?" Sie tastete nach dem feinen, verschlungenen Silberring, der ihre modisch hochgesteckten Haare zusammenhielt.

Wenig später machten sich alle auf den Weg ins

Versammlungshaus. Die große Halle war zum Bersten voll. Da waren Bergarbeiter, die gerade aus dem Stollen kamen, Knechte und Mägde, Handwerker, Krieger, sogar Händler und Viehtreiber aus der Siedlung unten am Fluss. Wer keinen Sitzplatz gefunden hatte, hockte sich einfach auf den Boden oder blieb stehen.

Obwohl es Damona und Elico äußerst schwer gefallen war, hatten sie ihr Versprechen eingehalten und niemanden in ihr Geheimnis eingeweiht. Jetzt lehnten sie an der Wand. Von hier hatten sie einen guten Überblick über die Halle. Airmid, ihr schlafendes Baby auf dem Arm, winkte lächelnd, während Agron, dem es sichtlich besser ging, ihnen freundlich zunickte. Habonia und Brigid schwatzten mit Ula und einer anderen Magd. Bran und sein Vater standen in einer Gruppe von Bergarbeitern, dicht neben dem Eingang. Ihre Mutter hatte sich auf einer Bank ganz vorne

niedergelassen, die Frauen der Ratsherren zu ihrer Rechten, Cardixa zu ihrer Linken.

Im nächsten Augenblick flog die Tür auf, und das Gemurmel verstummte. Fürst Sinorix und die Ratsherren betraten den Raum, gefolgt von Koloman und seinem Lehrling.

Der Fürst begann zunächst, die Lage kurz zu umreißen, bevor er das Wort an Koloman weitergab.

„Morgen ist Samhain", begann der Druide. „Da geht unser altes Jahr zu Ende und das neue beginnt. Wie jedes Jahr werden die üblichen Rituale am Brandopferplatz stattfinden." Er ließ seinen Blick über die Versammelten schweifen. „Wie ihr ja alle wisst, lösen sich in dieser Nacht bei Anbruch der Dunkelheit die Grenzen zwischen der Welt der Lebenden und der Anderwelt auf. Die Geister der Toten können dann ungehindert in unsere Welt eindringen und dort allen möglichen

Schaden anrichten." Koloman strich sich über seinen Bart. „Ihr könnt euch sicher vorstellen, dass dies unsere gegenwärtige Situation noch zusätzlich erschwert. Ohne den Zauberstein ist unsere Siedlung den Totengeistern schutzlos ausgeliefert."

„Gibt es denn gar nichts, was wir tun können?", rief ein Bergarbeiter aus der hintersten Reihe.

„Das Einzige, was uns bleibt, ist, noch mehr Opfer darzubringen", erwiderte der Druide ernst.

„Wie wäre es, wenn wir unseren wertvollsten Besitz zum Kultplatz brächten?", schlug Cardixa eifrig vor. „So viel Gold und Silber wie nur möglich. Das würde die Geister sicher besänftigen." Die Frauen der Ratsherren neben ihr auf der Bank nickten zustimmend.

„Ein sehr guter Vorschlag", lobte Koloman die Frau.

„Das mag für manche Leute einfach sein", wandte Brans Vater ein. „Doch wir Bergarbeiter leben nicht im Überfluss."

„Genau!", rief ein anderer Bergmann aufgebracht. „Wir können nichts entbehren."

„Wenn das Unheil erst hereinbricht", mischte sich Agron,

der Schmied, ein, „hilft uns dieser Geiz auch nicht weiter.“

„Geiz? Wer spricht hier von Geiz?“ Der Bergmann hob drohend die Faust. „Wenn wir reich wären, könnten wir es uns auch leisten, großzügig zu opfern.“

„Ruhe!“ Koloman stieß heftig mit seinem Stab auf den Boden. „Jeder, und ich meine jeder“, er blickte streng zu den Bergarbeitern, „muss morgen vor Einbruch der Dunkelheit Gaben zum Brandopferplatz bringen. Ich werde dann die erforderlichen Opferrituale vollziehen.“

Damona verstand überhaupt nichts mehr. Kolomans Verhalten ergab keinen Sinn. Wozu die Opfer? Wenn der Zauberstein tatsächlich noch im Berg lag, mussten die Berggeister auch nicht besänftigt werden. Was hatte der Druide vor? Sie wollte sich gerade an ihren Bruder wenden, als dieser aufgeregt an ihrem Ärmel zupfte und mit einer Augenbewegung zur Tür deutete.

„Komm“, flüsterte er. „Lass uns nach draußen gehen.“ Ein wichtiger Gedanke hatte ihn wie ein Blitz durchzuckt.

So unauffällig wie möglich schlüpften die Geschwister aus der Halle in die eisige Nacht hinaus. Auf dem Vorplatz warf das flackernde Licht der Fackeln, die den Eingang beleuchteten, gespenstische Schatten in den dichten Nebel.

„Ich weiß jetzt, wieso Koloman den Diebstahl vorgetäuscht hat“, unterrichtete Elico seine Schwester, während er sie um die Hausecke zog, wo niemand sie sehen konnte.

„Und warum?" Damona musterte ihren Bruder interessiert.

„Koloman", begann Elico seine Theorie zu erklären, „hat nur vorgegeben, dass der Zauberstein gestohlen wurde, damit jeder in der Siedlung so viel Gold und Silber wie möglich opfert." Er blickte Damona triumphierend an.

„Ich weiß. Aber genau das ergibt keinen Sinn."

„Doch", fuhr der Junge fort. „Da der Druide die Berggeister nicht besänftigen muss, kann er die Schätze für sich behalten. Koloman ist ein reicher Mann."

„Du bist ein Genie!", lobte Damona ihren Bruder. „Dass uns das nicht schon eher eingefallen ist! Wir müssen unbedingt mit Vocio sprechen."

Die ersten Männer und Frauen traten aus dem Versammlungshaus. Die Ratsversammlung war zu Ende, und alle gingen nach Hause.

Gerade als Damona und Elico ihr Versteck verlassen wollten, bogen zwei Gestalten um die Ecke.

„Hier kann uns niemand sehen", hörten sie Kolomans tiefe Stimme.

„Der andere ist Orin", zischte Damona kaum hörbar ihrem Bruder zu. Sie war sich sicher, dass es sich bei der in einen Kapuzenmantel gehüllten Person um den Einsiedler aus dem Geisterwald handelte. Doch

Elico hielt sich stumm den Finger vor den Mund, während er seine Schwester hinter einen Stapel Brennholz schob.

„Morgen Nacht", erklärte Koloman, „ist der günstigste Zeitpunkt, unseren Plan durchzuführen. An Samhain wird sich nach Anbruch der Dunkelheit kein Mensch aus seinem Haus wagen, weil jeder viel zu viel Angst vor den Totengeistern hat."

Ein Ast knackte, und der Druide blickte sich misstrauisch um. Dann sprach er hastig weiter. Doch was war das? Damona verstand auf einmal kein Wort mehr!

„Korimmeri irin derir Naricht zurim Oripferirplaritz, werinn arilleri ferist schlariferin. Soribarild duri eiringeritrorifferin birist, werirderin wirir gerinauri narich Plarin vorirgeriherin. Morirgerin wirird darinn jeriderir derinkerin, dariss urins dieri Toriteringeiristerir irin dieri Arinderirwerilt erintfürihrt hariberin.“

Die Kapuzengestalt murmelte etwas, hob die Hand zum Gruß und verschwand im Nebel. Auch Koloman machte sich auf den Weg.

„Wieso hat er so komisch gesprochen?“ Damona war ganz verwirrt. „Was war das für eine Sprache?“

„Das war gar nicht so schwer zu verstehen“, meinte Elico grinsend. „Koloman sollte sich fürs nächste Mal eine schwierigere Geheimsprache ausdenken!“

? *Was hat der Druide gesagt?*

Entdeckung im Schneesturm

„Du solltest deine Armreife opfern“, schlug Fürstin Vanora ihrer Tochter vor, während sie eine schwere Bernsteinkette über den Kopf zog.

„Nein, Mutter, nicht deine Kette!“ Damona schüttelte heftig den Kopf. „Die hat dir Vater zur Hochzeit geschenkt.“

Doch Fürstin Vanora ließ sich nicht umstimmen. „Je schwieriger es ist, sich von etwas zu trennen, umso wirksamer ist das Opfer“, erklärte sie. Die Fürstin warf einen letzten Blick auf die Kette, dann wickelte sie sie schnell in ein Stück Stoff und packte sie in einen Henkelkorb, in dem bereits Vaters goldener Halsreif und andere Schmuckstücke verpackt waren.

„Mutter!“, Damona räusperte sich. Sie konnte das Geheimnis einfach nicht länger für sich behalten. „Es ist völlig unsinnig, dem Druiden all diese Schätze zu bringen“, begann sie. „Koloman will nur ...“ Da ließ sie ein scharfer Schmerz am Schienbein innehalten. Elico hatte sie getreten. Jetzt blickte er sie hinter dem Rücken ihrer Mutter streng an, während er mit den Lippen ein stummes Nein formte.

„Koloman will, dass wir so viel opfern wie möglich", fuhr er laut fort. „Und das sollten wir auch tun." Demonstrativ holte er die kleine Silberscheibe mit der Eule, die ihm Nikomedes geschenkt hatte, und legte sie in den Korb.

Achselzuckend gab auch Damona nach und streifte ihre goldenen Armreife vom Handgelenk.

„Ich weiß, es ist schwer", lächelte ihre Mutter. „Doch es ist für einen guten Zweck." Danach wandte sie sich an Ula. „Wir sind bereit", sagte sie. „Hast du den Eimer?"

Die Magd nickte eifrig und reichte der Mutter einen mit Figuren verzierten Eimer, der bis zum Rand mit Wasser gefüllt war.

Fürstin Vanora ergriff den Eimer, murmelte ein leises Gebet und goss das Wasser über das Herdfeuer. Funken sprühten, es zischte, und dann stieg schwarzer Rauch zur Decke hoch. Die Flammen loderten nochmals kurz auf, bevor sie schließlich ganz erloschen.

„Legt eure Umhänge an", befahl die Mutter anschließend. „Wir gehen zum Brandopferplatz."

Es war nichts Ungewöhnliches, an Samhain zum Kultplatz zu ziehen, und wie jedes Jahr war die ganze Siedlung unterwegs. Man opferte einen Stier, sprach Gebete, sang und lauschte den Prophezeiungen des Druiden für das kommende Jahr. Nach Abschluss der

Zeremonien durfte sich jeder ein Stück glühende Kohle vom heiligen Feuer holen, um damit das eigene Herdfeuer für das neue Jahr frisch zu entflammen.

Bei Sonnenuntergang verzogen die Leute sich dann still in ihre Häuser und verschlossen Tür und Tor. Niemand wollte riskieren, den Seelen der Toten, die in dieser Nacht umherwandelten, zu begegnen.

Der einzige Unterschied in diesem Jahr war, dass alle, die zum Opferplatz zogen, statt kleiner Opfergaben ihren wertvollsten Besitz mit sich gebracht hatten.

Die Geschwister hielten während und nach den Riten nach Vocio Ausschau, doch der Lehrling des Druiden war nirgends zu sehen.

„Was sollen wir nur tun?“, flüsterte Elico auf dem Heimweg seiner Schwester zu.

„Ist doch klar“, erwiderte Damona. „Wenn alle eingeschlafen sind, gehen wir zurück zum Kultplatz. Egal, wie viele Totengeister heute Nacht hier herumspuken, wir müssen herausfinden, was Koloman mit den Opfergaben vorhat. Danach werden wir weitersehen.“

Die Familie des Fürsten ging an diesem Abend frühzeitig zu Bett. Die Mutter hatte noch alle möglichen Leckereien vor die Tür gestellt, um die Seelen der Toten davon abzuhalten, Schaden anzurichten, bevor der Vater die Tür verriegelte.

Das alte Jahr war mit Einbruch der Dunkelheit zu Ende gegangen. Das neue würde erst bei Tagesanbruch beginnen.

„Ich dachte schon, die schlafen überhaupt nicht mehr ein!“, wisperte Elico erleichtert, als die Mutter endlich ruhig und gleichmäßig atmete, während der Vater geräuschvoll schnarchte.

Die Geschwister, die sich erst gar nicht ausgezogen hatten, erhoben sich von ihren Lagern und tasteten im Dunkel nach ihren Schuhen. Lautlos warfen sie sich ihre Umhänge über. Dann schob Elico vorsichtig den Türriegel zur Seite und spähte in die finstere Nacht hinaus.

„Es schneit“, stellte er fest. Tatsächlich hatte sich der Nebel aufgelöst. Stattdessen wirbelten dicke Schneeflocken durch die Luft, die sachte auf dem Boden landeten. Noch schmolzen sie, sobald sie auf der Erde ankamen, doch wenn es weiter so schneite, würde die Landschaft bald mit einer feinen weißen Decke überzogen sein.

„Los, beeil dich!“, forderte Damona ihren Bruder auf, während sie ihren Umhang fester um die Schulter zog. „Wir dürfen keine Zeit verlieren.“ Eilig begann sie, durch das Schneegestöber zu stapfen.

Bald hatten die Geschwister die Siedlung am Moorboden erreicht. Von dort schlängelte sich ein steiler Pfad den Hang hinauf, zu den Grubeneingängen und weiter zum Kultplatz. Der eisige Wind, der aufgekommen war, jagte ihnen die Schneeflocken ins Gesicht, doch sie stiegen beharrlich weiter bergauf.

„Ob der Schneesturm die Totengeister davon abhält, in unsere Welt zu kommen?“, überlegte Elico, während er sich vorwärts kämpfte. In der Ferne hörte man das gespenstische Heulen eines Wolfes, dem die Hunde der Siedlung antworteten.

„Keine Ahnung.“ Damona dachte an die Grabhügel, die gleich in der Nähe lagen. Doch sie wollte ihren Bruder nicht unnötig beunruhigen.

„Wir sind da“, verkündete sie nach einer Weile. Durch das Schneetreiben schimmerte ein fahles gelbrotes Licht. Sie hatten den Kultplatz erreicht, wo die Flammen des Opferfeuers immer noch hoch in den Himmel schlugen. Selbst aus dieser Entfernung konnte man die glühende Hitze der Flammen spüren.

Elico wollte schon näher schleichen, als ihn seine Schwester am Ärmel zurückhielt.

„Wir müssen vorsichtig sein“, flüsterte sie und deutete auf mehrere Sträucher, die dicht am Hang wuchsen. „Koloman darf uns auf keinen Fall entdecken.“ Schweigend robbten sie auf das Gebüsch zu.

Durch die tanzenden Schneeflocken sah man deutlich mehrere festgepflockte Packpferde. Im Feuerschein daneben lag ein unordentlicher Haufen, der aus unzähligen Bündeln bestand.

Koloman war gerade dabei, eins nach dem anderen auf den Rücken der Lasttiere festzuzurren. Auch Orin, der Einsiedler, der sich bereits eingefunden hatte, packte kräftig mit an.

„Die Opfergaben", stellte Elico leise fest. „Koloman und sein Komplize wollen damit abhauen. Wie sollen wir sie nur davon abhalten?" Ratlos blickte er seine Schwester an, doch auch Damona wusste nicht weiter.

„Wir hätten Vater einweihen sollen", murmelte sie. „Doch jetzt ist es zu spät dazu." Dann sah sie sich hoffnungsvoll um. „Vielleicht kommt Vocio ja doch noch rechtzeitig mit seinem Gegenzauber."

„Wir könnten zumindest versuchen, Vaters Krieger zu wecken", überlegte ihr Bruder.

Damona schüttelte den Kopf. „Bis wir es zurück zur Siedlung schaffen, sind Koloman und Orin längst auf und davon."

Tatsächlich dauerte es nicht lange, bis die beiden Männer alle Bündel aufgeladen hatten. Sie standen jetzt dicht vor dem prasselnden Feuer. Koloman schien

verärgert. Er sprach wütend auf den Einsiedler ein, während er seinen Stab heftig auf den Boden schlug. Orin antwortete gestenreich. Allzu gerne hätten Damona und Elico herausgefunden, worüber sich die beiden stritten, doch sie waren zu weit weg, um auch nur ein Wort zu verstehen.

„Komm, lass uns näher herangehen", schlug Elico vor. „Ich will wissen, worum es geht."

„Taranis steh uns bei", stieß Damona leise hervor. „Das ist unmöglich!"

„Ist es nicht." Elico hatte bereits einen Plan. „Wir müssen nur um den Platz herumschleichen und von hinten auf den Felsen hochklettern. Dort oben ist ein ideales Versteck."

„Nein", wisperte Damona. „Ich meine, es ist unmöglich, was ich gerade entdeckt habe." Sie starrte fassungslos zum Feuer.

„Wie kann das nur sein?" Das Mädchen hielt sich erschrocken die Hand vor dem Mund. „Wir haben uns getäuscht", fuhr sie fort. „Das ist nicht der Einsiedler."

Der Gestalt im Mantel war die Kapuze vom Kopf gerutscht. Zwar konnte man das Gesicht nicht erkennen, da das Feuer zu sehr blendete, doch die scharfen Umrisse zeichneten sich deutlich vor dem hellen Hintergrund ab.

? *Wen hat Damona erkannt?*

Elico in Gefahr

„Das dürfen wir uns nicht entgehen lassen!“ Elico schlüpfte hinter dem Busch hervor und schlich im weiten Bogen um den Opferplatz. Sein Schatten glitt wie ein Geist durchs Schneegestöber.

Ohne lange zu überlegen, folgte Damona und kletterte kurz darauf den Felsen hinauf, der am Steilhang oberhalb des Platzes lag.

„Aber du hast von Anfang an gesagt, dass der Diebstahl des Zaubersteins nur ein Täuschungsmanöver sei“, trug der Wind Cardixas aufgebrachte Stimme nach oben. „Du wolltest den Leuten damit nur Angst machen, damit sie so viele Opfer wie möglich bringen. Danach wollten wir auf der Stelle von hier weg.“ Cardixa deutete auf die Packpferde. „Wir haben genug Gold und Silber, um den Rest unseres Lebens in Saus und Braus zu leben. Den Bergkristall brauchen wir nicht.“

„Silber und Gold mag uns Reichtum bescheren“, erklärte der Druide. „Der Zauberstein garantiert uns obendrein Macht und Erfolg.“

„Und was ist mit dem Zorn der Berggeister?“, zweifelte die Frau.

Koloman lachte. „Das kann uns egal sein. Wenn wir erst einmal von hier weg sind, können uns die Berggeister nichts mehr anhaben."

Elico rutschte dicht zum Rand, um besser sehen zu können. Im nächsten Augenblick verlor er den Halt. Er hatte zu spät bemerkt, dass der Felsen mit einer spiegelglatten Eisschicht bedeckt war. Starr vor Angst sah Damona, wie ihr Bruder mit einem Schreckensschrei hinabglitt und in einer Schneewolke genau vor Kolomans Füßen landete.

„Wen haben wir denn da?“, fragte der Druide erstaunt. „Na, das ist aber eine Überraschung. Ist das nicht der Sohn von Fürst Sinorix? Bist du allein hier?“

„Natürlich“, beteuerte Elico geistesgegenwärtig. „Wer würde sich denn sonst in dieser Nacht vor die Tür wagen?“

Plötzlich war es Damona klar. Ohne Hilfe würden sie und ihr Bruder nie gegen Koloman ankommen. Und da sie sich nicht auf Vocio und seinen Gegenzauber verlassen wollte, musste sie anderswo Verstärkung holen.

Ohne Aufschub schlich sie zurück zum Weg, der zur Siedlung führte. Ganz in der Nähe lag ein Gehöft, in dem eine Bergarbeiterfamilie lebte. Trotz des dichten Schneetreibens hatte sie den Hof bald erreicht und begann, mit beiden Fäusten an das Tor zu hämmern.

„Hilfe!“, rief sie so laut sie konnte. „Hilfe! Macht auf!“ Sie wartete eine Weile, aber niemand kam, um sie einzulassen.

„Ich bin kein Geist!“, versuchte sie es erneut. „Ich bin Damona, die Tochter von Fürst Sinorix. Ich befehle euch zu öffnen.“

Man konnte ängstliches Flüstern hören, doch so laut sie auch schrie und bettelte, das Tor blieb verschlossen. An Samhain musste man vorsichtig sein, denn den Totengeistern war nicht zu trauen. Jeder hatte die Geschichten gehört, in denen Neugierige, die dem Ruf der Geister gefolgt waren, für immer in die Anderwelt verschwanden.

Damona klopfte noch ein letztes Mal, dann gab sie auf. Die Bewohner des Hofes ließen sich nicht erweichen.

Das nächste Gehöft lag auf der anderen Seite des Steilhangs. Vermutlich würde es ihr dort genauso ergehen. Sie dachte angestrengt nach. Obwohl nicht mehr viel Zeit blieb, entschloss sie sich, zurück zur Handwerkersiedlung zu laufen. Agron würde ihr sicher helfen. Sie begann, halb laufend, halb rutschend, den Hang hinabzuschlittern und hatte nur wenig später das Haus des Schmieds erreicht.

„Damona?“ Agron rieb sich verschlafen die Augen. „Was um alles in der Welt machst du hier mitten in der Nacht? Weißt du nicht, wie gefährlich es ist, an Samhain im Dunkeln spazieren zu gehen?“ Er blickte sich vorsichtig um. „Komm besser herein.“

Damona trat ein, und Agron verriegelte sorgfältig die Tür hinter ihr.

„Was bringt dich um diese Zeit hierher?“

Die Fürstentochter berichtete atemlos, was geschehen war, während der Schmied ungläubig ihrem Bericht lauschte.

„Willst du etwa behaupten, dass der Zauberstein gar nicht gestohlen wurde?“, kam auf einmal Airmids Stimme aus der Dunkelheit. Die Frau trat zu ihnen und blickte das Mädchen verstört an, als sei es ein Geist. „Und ich habe Koloman meinen besten Schmuck gebracht. Das ist ja nicht zu fassen!“ Aufgebracht wandte sie sich an ihren Mann. „Agron, tu doch etwas. Ich will meine Kette und meine Armreifen wieder zurückhaben. Und den feinen Bronzekrug, den du geopfert hast.“

„Der Sohn des Fürsten ist in Gefahr!“, fuhr Agron seine Frau an. „Wie kannst du da an deinen Schmuck denken.“ Er schnallte sich ein Schwert um und warf sich seinen Umhang über. „Du bleibst hier bei Airmid“, befahl er Damona. „Ich gehe zum Fürstenhof, um deinen Vater und seine Krieger zu alarmieren.“

„Beeilt Euch!“, bat Damona innig. „Uns bleibt nicht mehr viel Zeit. Sobald sich Koloman den Bergkristall aus der Höhle geholt hat, plant er, mit Cardixa und den Opfergaben über den Berg zu fliehen.“ Doch Agron hörte sie nicht mehr. Er war bereits auf dem Weg zu Fürst Sinorix.

„Du zitterst ja wie Espenlaub“, stellte Airmid fest. „Komm, setz dich ans Feuer.“ Sie stocherte in der Glut und legte einen neuen Holzscheit auf. Das Feuer flackerte auf. Dankbar hockte sich das Mädchen auf einen Schemel und wärmte sich die kalten Glieder.

„Ich sollte zurück zu meinem Bruder", sagte sie unruhig. „Er ist in großer Gefahr."

„Was könntest du schon ausrichten", meinte Airmid. „Ein Mädchen und noch dazu allein. Nein, du bleibst hier am warmen Feuer. Lass das die Männer erledigen."

Im nächsten Augenblick hörte man ein leises Wimmern.

„Das ist die Kleine", erklärte Airmid. „Sie will um diese Zeit immer Milch. Entschuldige mich für einen Augenblick. Ich bin gleich wieder bei dir." Die Frau verschwand im hinteren Teil des Hauses.

Damona blickte sich rastlos um. Sie hatte nicht vor, untätig hier sitzen zu bleiben, während sich ihr Bruder in den Händen der Verbrecher befand.

In diesem Moment sah sie an der Wand neben der Tür einen glitzernden Gegenstand, der den Feuerschein widerspiegelte. Neben einem Umhang und einer Fellmütze hing dort ein Dolch. Eines von Agrons Meisterstücken, dessen Griff und Scheide mit Einlagen aus kleinen roten Korallenstücken verziert waren.

„Ein Zeichen der Götter“, flüsterte das Mädchen dankbar. Während Airmids Stimme, die beruhigend auf das Baby einsprach, aus der Dunkelheit drang, packte sie die Waffe und schlüpfte lautlos zur Tür hinaus.

Es hatte aufgehört zu schneien. Im Schnee konnte man Agrons Fußspuren erkennen, die zum Festungsberg führten. Damona schlug die andere Richtung ein, den steilen Pfad den Hang hinauf. Der Schnee knirschte unter ihren Füßen, doch sie kam gut voran, denn der eisige Wind, der den Aufstieg zuvor erschwert hatte, hatte sich gelegt.

Als sie endlich, kurz vor dem Kultplatz, ihre Schritte verlangsamte, begann im Osten hinter den schneebedeckten Berggipfeln bereits der neue Tag zu schimmern.

Vorsichtig näherte sie sich, denn Koloman und Cardixa durften sie auf keinen Fall entdecken. Doch der Platz lag verlassen im trüben Licht des Morgengrauens. Nur die abgebrannten Scheite des Opferfeuers glühten noch immer.

Waren die Verbrecher bereits auf der Flucht? Und wo war Elico? Hatten sie ihren Bruder als Geisel mitgenommen?

Erleichtert stellte Damona fest, dass die schwer bepackten Pferde nach wie vor auf den Aufbruch warteten. Das bedeutete, dass auch Koloman nicht weit sein konnte.

Ihr Atem dampfte in der kalten Luft. Dann plötzlich lief es ihr eiskalt über den Rücken. Keine fünf Schritte von ihr entfernt, hüpften drei Raben durch den Schnee. Sie krächzten und blickten neugierig in ihre Richtung.

„Raben", wisperte sie erschrocken. Jeder wusste, dass Druiden die Fähigkeit besaßen, Tiergestalt anzunehmen. Hatte Koloman sich in einen Raben verwandelt und gleichzeitig Cardixa und Elico verzaubert?

Damona zog den Dolch aus der Scheide und schritt langsam näher. Im nächsten Augenblick flatterten die Raben auf, stiegen immer höher, bis sie über dem Berggipfel als kleine schwarze Punkte verschwanden.

„Und was jetzt?" Damona sah sich ratlos um. Dann fiel ihr ein Stein vom Herzen: Koloman hatte Elico doch nicht in einen Raben verwandelt.

? *Was hat Damona entdeckt?*

Im Innern des Berges

Damona folgte den Fußspuren, die hinter dem schneebedeckten Gebüsch verschwanden. Behutsam schob sie die dürren Zweige auf die Seite.

„Ein Grubeneingang?“ Hinter den Sträuchern sah sie hölzerne Stützbalken, die einen Eingang umrahmten. Von dort führte ein dunkler Gang in den Berg hinein.

„Natürlich!“ Plötzlich wusste Damona, wohin die drei verschwunden waren. Koloman und Cardixa hatten ihren Bruder in den Berg verschleppt. Sie musste unbedingt hinterher.

Durch den Stollen gelangte man sicher in die geheimnisvolle Höhle, in der der Zauberstein aufbewahrt wurde.

Im nächsten Augenblick hörte Damona ein leises Knirschen direkt hinter sich. Den Dolch in der erhobenen Hand, drehte sie sich blitzschnell um.

Vor ihr erhob sich ein dunkler Schatten, die Kapuze tief ins Gesicht gezogen. Bevor sie jedoch zustoßen konnte, hatte der Fremde sie bereits am Handgelenk gepackt.

„Sachte, sachte“, beruhigte sie eine bekannte Stimme, während die Gestalt sich mit der freien Hand die Kapuze vom Kopf zog.

„Vocio!“ Damona ließ erleichtert den Dolch sinken. „Wir haben dich gestern überall gesucht! Wir brauchen deine Hilfe.“

„Genau deswegen bin ich hier“, verkündete der Junge. „Wo ist Elico?“

„Koloman hat ihn sich geschnappt“, erklärte Damona und berichtete kurz von den Ereignissen der vergangenen Nacht. Von den Pferden, die mit den verpackten Opfergaben auf die Abreise warteten, von Cardixa und von Kolomans neuestem Plan, den Bergkristall doch zu stehlen und damit abzuhauen.

„Sie sind im Berg“, stieß sie atemlos hervor, während sie auf die Fußspuren im Schnee deutete. „Wir müssen meinen Bruder retten!“

„Trägt er immer noch das Schutzamulett, das ich ihm gegeben habe?“

„Ja.“

„Dann kann ihm nichts passieren“, beruhigte sie der Lehrling des Druiden. „Weder Koloman noch die Berggeister können ihm etwas antun.“

Damona lächelte Vocio erleichtert an, während sie

gleichzeitig nach der magischen Scheibe um ihren Hals tastete. Dann schob sie den Dolch zurück in die Scheide und steckte ihn in den Gürtel. „Dann müssen wir also nicht in den Berg hineingehen?“

„Wenn wir Koloman davon abhalten wollen, den Zauberstein zu stehlen, bleibt uns nichts anderes übrig“, meinte der Junge ernst, während er zwei lange Kienspäne aus seiner Umhängetasche holte, die er in der Glut des Feuers anzündete. „Im Stollen ist es stockfinster. Da brauchen wir Licht.“

Er reichte Damona einen der Leuchtspäne, doch sie blieb wie angewurzelt stehen, als hätte sie ein Gespenst gesehen. Gleich neben dem Stolleneingang lag etwas im Schnee, das in den ersten Strahlen der Morgensonne glitzerte.

„Elicos Amulett!“, rief sie. „Er hat es um den Hals getragen. Es muss abgerissen sein.“

„Das ändert die Lage“, stellte Vocio nüchtern fest, hob das Amulett auf und steckte es in seine Tasche. „Los“, forderte er Damona auf. „Wir dürfen keine Zeit verlieren.“ Und er trat in den dunklen Gang.

Ein schmaler Tunnel, der mit dicken Balken gestützt war, führte über loses Gestein steil in die Tiefe. Vom Hauptstollen zweigten immer wieder seitliche Gänge ab, doch Vocio schritt zielstrebig weiter, während Damona ihm hinterherstolperte. Der Junge schien den Weg genau zu kennen. Bis auf das Echo ihrer Schritte, das in der Ferne widerhallte, war es unerträglich still.

„Vocio“, raunte Damona dem Lehrling zu. „Treiben hier nicht Dämonen und Kobolde ihr Unwesen?“ Der Fürstentochter war plötzlich die alte Sage eingefallen.

Der Junge hielt an. „Ja.“

„Und stimmt es, dass nur Auserwählte den Weg zur Höhle kennen? Andere, die nach dem Kristall suchen, werden von den Berggeistern in die Irre geleitet und finden niemals wieder lebend aus dem Berg heraus?"

„Richtig." Vocio, dessen Gesicht vom Licht seines flackernden Kienspans erleuchtet war, nickte ernst.

Damona schüttelte energisch den Kopf. „Dann können wir unmöglich weitergehen!" Sie wollte schon umkehren, als der Lehrling des Druiden sie behutsam am Ärmel zurückhielt.

„Du brauchst keine Angst zu haben", beruhigte er sie. „In der Sage heißt es auch, dass die Berggeister nur etwas gegen Menschen haben, die den Zauberstein stehlen wollen, nichts gegen die, die ihn beschützen. Wir haben nichts zu befürchten."

Das klang einleuchtend.

„Doch wie sollen wir die Höhle finden?", wandte Damona ein.

„Ich war schon einmal dort", erklärte der Junge stolz. „Damals bin ich Koloman heimlich gefolgt. Außerdem zähle ich zu den Auserwählten. Immerhin werde ich zum Druiden ausgebildet. Allerdings", gestand er, „ist es trotzdem kein Kinderspiel, den richtigen Weg zu finden. Doch mach dir keine Sorgen. Ich werde das schon schaffen."

Schweigend drangen sie immer tiefer in den Berg ein. Nach einer Weile erreichten sie eine Abzweigung.

Links davon konnte man einen schmalen Durchgang erkennen, neben dem mehrere abgebrannte Kienspäne und ein abgebrochener Sprengkeil lagen.

„Hier entlang." Vocio deutete mit seiner Fackel die Richtung an, wobei das flackernde Licht gespenstische Schatten an die Wände warf. Ein steiler Schacht führte jäh nach unten. Sie stiegen eine Leiter hinab, danach ging es wieder geradeaus. Allerdings sank die Decke immer niedriger, bis sie sich, nur noch auf Händen und Knien kriechend, vorwärts bewegen konnten. Vocio hielt kurz an, um sich seinen Kienspan zwischen die Zähne zu klemmen.

„Bist du dir sicher, dass dies der richtige Weg ist?" Damona musterte den engen Gang unsicher. Der Lehrling des Druiden nickte stumm, doch schon nach wenigen Metern ging es nicht mehr weiter. Vor ihnen blockierte eine Wand den Durchgang.

„Es ist doch der falsche Weg", gestand der Junge kleinmütig. „Wir müssen umkehren."

„G-gib es zu", stammelte Damona den Tränen nahe. „Die Berggeister haben uns in die Irre geleitet!"

„Haben sie nicht", widersprach Vocio. „Die Berggeister haben nichts gegen uns. Ich kann mich nur nicht mehr genau an den Weg erinnern. Diese Gänge sehen einfach alle gleich aus." Den Kienspan zwischen den Zähnen, begann er, auf allen vieren den Stollen zurückzukrabbeln. Damona, der nichts anderes übrig blieb, folgte mutlos.

Allmählich wurden die Wände wieder höher, sodass sie wenigstens gebückt gehen konnten, und wenig später fanden sie sich in einem Hohlraum wieder, der groß genug war, um aufrecht zu stehen.

„Hier muss es irgendwo sein", murmelte Vocio, während er die Wände mit dem Span ableuchtete. „Ich weiß es ganz bestimmt."

„Ist es das, was du suchst?" Damona hatte eine Zeichnung an der Wand entdeckt. Jemand hatte ein Muster in den Felsen geritzt, das einem wirren Wollknäuel glich. Sie hielt ihren Kienspan höher und untersuchte die Abbildung. „Soll das ein Plan des Stollens sein?“

„Richtig geraten“, erwiderte Vocio. „Ein Druide hat das vor langer Zeit an die Wand gekritzelt. Man kann darauf genau erkennen, wo die Halle mit dem Zauberstein liegt, und wie man von dort wieder aus dem Berg kommt.“

„Vorausgesetzt, man weiß, wo man sich auf dem Plan befindet“, wandte Damona ein.

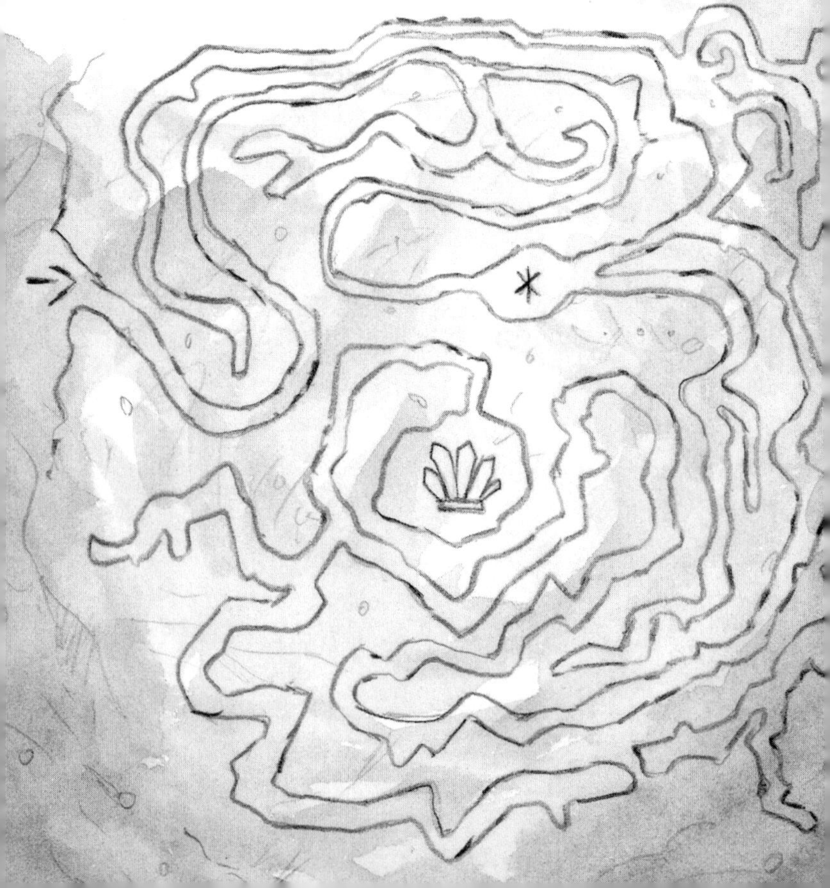

„Kein Problem“, meinte der Junge, wobei er auf eine sternförmige Markierung deutete. „Wir sind genau hier.“

„Dann müssen wir hier entlang“, fiel ihm Damona ins Wort, während sie mit ihrem Finger die Linien entlangfuhr. „Das ist der Weg zum Ausgang, und hier geht es zur geheimen Höhle.“

Im nächsten Augenblick spürte das Mädchen einen Hauch von Zugluft ihre Wange streichen. Danach war es stockfinster. Die leichte Brise hatte beide Kienspäne ausgelöscht.

„So ein Mist!“, unterbrach Vocio die unheimliche Stille. „Im Dunkeln finden wir nie den richtigen Weg.“

„Das war ein Berggeist.“ Damona wollte den Bewohnern des Salzbergs immer noch nicht so recht trauen. „Ich habe ihn genau gespürt!“

Dann musste sie plötzlich an Elico denken, und alle Angst war wie weggeflogen.

„Vielleicht können wir es doch schaffen“, meinte sie. „Ich habe mir den Plan genau eingeprägt.“ Sie griff nach Vocios Hand. „Folge mir.“ Sie begann, mit der anderen Hand die Wand entlangzutasten.

? *Welcher Weg führt zur Höhle?*

Gegenzauber

Vorsichtig tasteten sie sich durch die Dunkelheit immer tiefer in den Berg hinein. Obwohl sie nur langsam vorwärts kamen, war Damona überzeugt, dass sie sich auf dem richtigen Weg befanden.

„Horch“, flüsterte sie plötzlich. „Hast du das auch gehört?“ Ganz in der Nähe konnte man gedämpfte Stimmen wahrnehmen.

„Koloman“, stellte Vocio fest. „Die Höhle ist sicher nicht mehr weit.“

Tatsächlich sahen sie nach der nächsten Abzweigung am Ende des Ganges einen schwachen Lichtschein. Kurz vor dem Eingang der Höhle blieb Vocio stehen.

„Wir müssen auf der Hut sein“, warnte er. „Die Zauberkräfte des Druiden sind nicht zu unterschätzen.“

Mit klopfendem Herzen spähte Damona um die Ecke. Vor ihr öffnete sich eine glitzernde Zauberwelt, die ihr den Atem verschlug. Die Höhle, die so groß wie das Versammlungshaus war, wurde von mehreren Kienspänen, die in Felsspalten steckten, erleuchtet. Das Licht dieser Fackeln wurde von unzähligen kleinen Glimmerstückchen in der Wand zurückgeworfen und tauchte die Höhle in einen magischen Schimmer.

Doch das Erstaunlichste war der durchsichtige Stein, der auf einem Felsen mitten im Raum ruhte. Von ihm ging eine Helligkeit aus, als hätte man den Mond vom Himmel geholt.

Koloman stand bei dem Stein, eine Spitzhacke in der Hand, mit der er heftig auf den Felsen darunter einschlug.

„Ich weiß auch nicht, was hier passiert ist", brummte er schlecht gelaunt. „Normalerweise sitzt der Zauberstein locker auf seinem Podest, und man kann ihn mühelos anheben. Jetzt scheint er wie festgewachsen."

Cardixa, die einen offenen Lederrucksack, wie ihn die Bergleute benutzten, in den Händen hielt, sah ihm besorgt zu. „Die Berggeister", wisperte sie kaum hörbar. „Sie haben herausgefunden, dass wir den Kristall stehlen wollen und haben ihn festgezaubert."

„Unsinn!", fuhr Koloman sie ungeduldig an, während er weiter auf den Felsen einhieb. „Er klemmt nur."

„Uns bleibt nicht mehr viel Zeit", wandte die Frau ein. „Wenn wir von hier wegwollen, bevor der ganze Ort aufwacht, sollten wir uns sputen."

„Nicht ohne den Zauberstein", entgegnete Koloman.

„Und was machen wir mit dem Jungen?" Sie deutete auf Elico, der, an Händen und Füßen gefesselt, dicht neben der Wand auf dem Boden kauerte.

„Den werfen wir auf dem Weg über die Berge den Wölfen zum Fraß vor", erwiderte der Druide kalt.

Elicos Augen blitzten wütend auf. Er versuchte etwas zu sagen, doch da er geknebelt war, brachte er nur einen unterdrückten Laut hervor, der einem wilden Tier glich.

Koloman warf die Spitzhacke wütend in Richtung des Jungen und begann, an dem Bergkristall zu rütteln. Der Stein bewegte sich nicht von der Stelle.

„Diese verflixten Berggeister", fluchte er.

Damona, die das Geschehen aufmerksam vom Eingang der Höhle aus beobachtete, überlegte fieberhaft, wie sie und Vocio die Verbrecher überwältigen könnten.

„Was sollen wir tun?", fragte sie den Jungen stumm, indem sie mit den Lippen lautlos die Worte formte.

„Abwarten", antwortete Vocio flüsternd, während er in seiner Umhängetasche kramte. Er zog einen winzigen Beutel hervor, öffnete ihn und leerte den Inhalt vorsichtig auf seine Handfläche.

„Magischer Goldstaub", weihte er Damona ein. Stirnrunzelnd konzentrierte er sich. Damit der Zauber wirkte, musste er sich unbedingt an den genauen Wortlaut der Zauberformel erinnern. Langsam begann er, mit seiner freien Hand über dem Staub zu kreisen und immer wieder die gleichen unverständlichen Worte zu murmeln. Dann pustete er heftig auf das feine Pulver.

Der Staub wirbelte hoch, um gleich darauf wie winzige, glitzernde Schneeflocken zu Boden zu segeln.

„Mein Gegenzauber“, erklärte Vocio leise. „Hoffen wir, dass er wirkt.“

Doch Damona wollte nicht mehr länger warten. Sie musste ihren Bruder befreien. Mit grimmigem Blick zog sie den Dolch aus der Scheide und atmete tief ein. Einen Augenblick später rannte sie aus der Deckung und stürzte, laut schreiend wie ein Krieger in der Schlacht, auf den Druiden zu.

„Was um alles in der Welt ...“ Erschrocken blickte der Mann hoch, während Cardixa auf die Knie sank. Sie hatte das Mädchen, das den Dolch drohend durch die Luft sausen ließ, nicht gleich erkannt und war überzeugt, dass es sich um einen Dämon handelte.

Vocio starrte Damona fassungslos nach. Er war sich nicht sicher, ob sie aus eigenem Antrieb handelte oder ob es etwas mit seinem Zauber zu tun hatte.

Koloman war der Einzige, der einen klaren Kopf behielt. Bevor Damona zuschlagen konnte, packte er sie am Handgelenk und zwang sie, den Dolch fallen zu lassen. Die Waffe schlug klirrend auf dem Boden auf, während sich das Mädchen, fauchend und kratzend wie eine Wildkatze, wehrte.

Cardixa, die inzwischen gemerkt hatte, dass es nur die Fürstentochter und kein Dämon war, handelte blitzschnell. Sie griff nach dem Dolch und hielt ihn drohend an Damonas Hals.

„Halt still, du kleine Hexe", lachte sie boshaft. „Wir wollen dir doch nicht wehtun, oder?"

Plötzlich drang das Echo trampelnder Füße aus dem Gang. Im nächsten Augenblick stürzte eine Truppe bis zu den Zähnen bewaffneter Männer in die Höhle.

„Tu doch was", schrie Cardixa Koloman an. Doch Koloman stand wie vom Blitz getroffen da. Er hatte mit dem Schlimmsten gerechnet: wilden Kobolden, Dämonen und rachesüchtigen Berggeistern, aber nicht mit den Kriegern des Fürsten. Sosehr er sich auch anstrengte, es wollte ihm einfach kein passender Zauberspruch einfallen.

„Das werde ich euch nie vergessen“, zischte der Druide den Geschwistern wütend zu, bevor er zusammen mit seiner Komplizin in Fesseln aus der Höhle abgeführt wurde.

Vocio, der fest davon überzeugt war, dass sein Gegenzauber die Krieger gerufen hatte, zog die Kienspäne aus den Felsenspalten, verbeugte sich ehrfurchtsvoll vor dem Bergkristall und folgte Damona und Elico durch die Gänge den Berg hinaus. Hinter ihm versank die Höhle in tiefer Dunkelheit.

„Den Göttern sei Dank“, meinte Fürstin Varona, als Damona und Elico später am Tisch saßen und hungrig frisch gebackenes Brot mit geräuchertem Schinken verschlangen.

„Ich dachte schon, du hättest mich im Stich gelassen“, wandte sich Elico kauend an seine Schwester.

„Ich? Niemals!“, erwiderte Damona mit gespieltem Entsetzen, während sie sich noch ein Stück Schinken in den Mund schob. „Ich bin nur froh, dass die Krieger gleich den Weg zur Höhle gefunden haben, ohne sich im Berg zu verirren.“

Elico nickte zustimmend. „Ich wage gar nicht, daran zu denken, was passiert wäre, wenn sie zu spät aufgetaucht wären.“

„Koloman hätte uns beide den Wölfen zum Fraß vorgeworfen.“ Damona lief es bei dem Gedanken eiskalt über den Rücken.

„Und dann“, ergänzte ihr Bruder, „wäre er zusammen mit dem Zauberstein für immer verschwunden.“

„Doch alles hat ein gutes Ende genommen“, unterbrach die Mutter das Gespräch der Geschwister. „Der Zauberstein liegt im Herzen des Salzbergs, dort, wo er hingehört.“ Sie musterte die Geschwister lächelnd, bevor sie weitersprach. „Wenn ihr mit eurer Brotzeit fertig seid, geht ihr besser ...“

„Bitte Mutter, nicht ins Webhaus“, flehte Damona.

„Oder zum Holzhacken“, stöhnte Elico.

„Nein, nicht zum Arbeiten“, fuhr die Fürstin fort. „Ihr habt für heute genug geleistet. Ich wollte vorschlagen, dass ihr zum Schlittenfahren geht.“

Die Sonne strahlte vom blauen, wolkenlosen Himmel und ließ die schneebedeckten Gipfel wie Silber funkeln. Schon von der Ferne konnte man das laute Freudengeschrei der Kinder hören, die auf Brettern den Hang hinabrutschten.

„In den kommenden Generationen“, sagte Elico stolz, während er durch den Schnee stapfte, „wird unser Abenteuer sicher in Heldenliedern besungen werden.“

„Na klar“, erwiderte Damona augenzwinkernd. „Die tapfere Damona, Tochter eines mächtigen Fürsten, rettet ihren wehrlosen Bruder aus den Klauen eines bösen Zauberers.“

„Wehrlos?“, grinste der Junge. „Wenn du dich da mal nicht täuschst!“ Mit einem Satz stürzte er sich auf seine Schwester, die sich in den weichen Schnee fallen ließ und zusammen mit ihm lachend den Hang hinabkullerte.

Lösungen

Diebstahl mit Folgen

Wenn Vocio wirklich keine Ahnung hätte, wüsste er auch nicht, dass der Diebstahl in der vergangenen Nacht stattgefunden hat und dass etwas aus dem Berg verschwunden ist.

Die Sage vom Zauberstein

Der Dolch liegt halb unter dem Fell auf dem Boden.

Die Rache der Berggeister

Fürst Sinorix hat die Fibel bestellt, die rechts außen liegt.

Magische Kreise

Im Geisterwald

Die Ratsversammlung

Komme in der Nacht zum Opferplatz, wenn alle fest schlafen. Sobald du eingetroffen bist, werden wir genau nach Plan vorgehen. Morgen wird dann jeder denken, dass uns die Totengeister in die Anderwelt entführt haben.

Entdeckung im Schneesturm

Damona hat Cardixa am Haarreif erkannt.

Elico in Gefahr

Im Schnee sind Fußspuren zu sehen, die zu einem Gebüsch führen.

Im Innern des Berges

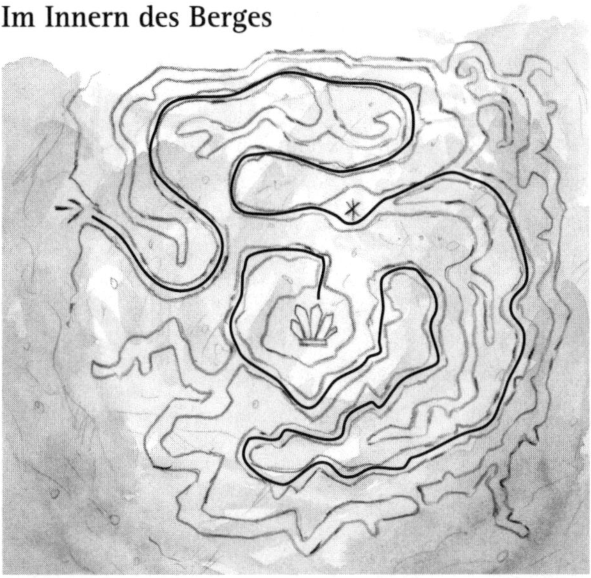

Glossar

Amulett: meist kleiner Anhänger oder Gegenstand, dem magische Kräfte zugeschrieben werden. Der Träger kann damit Gefahren abwehren.

Anderwelt: eine Welt, die neben der Welt der Lebenden existiert. Die Kelten glaubten, dass die Seelen der Menschen dort nach ihrem Tod, zusammen mit Geistern, Dämonen, Feen und Elfen, weiterlebten. An manchen Tagen konnten sich die Grenzen zwischen den beiden Welten auflösen.

Bergkristall: glasklarer Quarz, der in zahlreichen Gesteinsarten der Berge vorkommt

Druide: keltischer Priester, der gleichzeitig Astronom, Arzt und Philosoph war. Druiden hatten oft den Ruf, große Zauberer zu sein.

Epona: keltische Göttin der Pferde

Fibel: Gewandnadel oder Brosche, die, ähnlich der modernen Sicherheitsnadel, Kleidung zusammenhält

Kettfäden: senkrechte, auf einem Webstuhl gespannte Fäden

Kienspan: gespaltenes, harziges Kiefernholz, das von den Kelten als Fackel benutzt wurde

Met: alkoholisches Getränk, das aus Honig hergestellt wird. Es war nicht nur bei den Kelten, sondern auch bei den Germanen sehr beliebt.

Mistel: immergrüne Schmarotzerpflanze, die auf Bäumen wächst

Ritschert: Eintopf aus Saubohnen, Gerste und Räucherfleisch, das einst auf dem keltischen Speisezettel stand und in Österreich immer noch serviert wird

Samhain: keltisches Fest, das gleichzeitig den Anfang eines neuen Jahres und das Ende des Sommers feiert. Die christliche Kirche hat den alten Brauch teilweise von den Kelten übernommen und feiert den Tag als Allerheiligen. Auch Halloween geht auf Samhain zurück.

Schlehen: kirschartige, sehr saure Früchte, die wild auf Sträuchern wachsen

Speicherhaus: Bau, in dem Vorräte wie Getreide für den Winter aufbewahrt werden

Spindel: Werkzeug zum Spinnen. Meist besteht es aus einem Holzstab, an dem ein Gewicht befestigt ist und der wie ein Kreisel gedreht wird, um Fasern in Garn zu spinnen.

Stollen: unterirdischer Gang in einem Bergwerk

Taranis: keltischer Gott des Donners

Teutates: keltischer Stammesgott

Vlies: geschorene, unverarbeitete Rohwolle vom Schaf

Webschiffchen: flaches Holzbrettchen, mit dem Garn beim Weben quer durch die Kettfäden geschossen wird

Zeittafel

1800–800 v. Chr.:	Bronzezeit in Mitteleuropa
1200 v. Chr.:	Erster Abbau von Steinsalz in den Alpen
800 v. Chr.:	Beginn der Eisenzeit in Mitteleuropa: Erstmals gibt es Werkzeuge und Waffen aus Eisen. Anfänge einer keltischen Kultur in Europa.
750–450 v. Chr.:	Blütezeit der keltischen Hallstattkultur, benannt nach einem Fundort in Österreich. Durch den Abbau und Handel von Steinsalz erlangen die Hallstätter Kelten Wohlstand.
600 v. Chr.:	Kelten werden erstmals in den Berichten griechischer Reisender als „Keltoi“ erwähnt. Produkte aus Eisen verbreiten sich über ganz Europa. An zahlreichen Orten in Mitteleuropa entstehen Machtzentren, die von Fürsten beherrscht werden (z. B. Heuneburg).
500 v. Chr.:	Das Hallstätter Bergwerk wird durch eine riesige Schlammlawine verschüttet, und der Bergbau kommt dort fast ganz zum Erliegen. Die Gewerbesiedlung auf dem Dürrnberg entsteht. Reger Handel mit Griechen und Etruskern. Die keltische Kultur dringt bis zur spanischen Halbinsel vor.
450 v. Chr.:	Ende der Hallstattzeit, Beginn der La-Tène-Zeit. Die keltische La-Tène-Kultur breitet sich

	in ganz Europa aus. Die Kelten am Dürrnberg werden durch den Handel mit Salz und ihren Handwerksprodukten reich.
400 v. Chr.:	Die La-Tène-Zeit erreicht einen Höhepunkt. Wegen zunehmender Bevölkerungsdichte verlassen immer mehr keltische Stämme ihre ursprünglichen Siedlungsgebiete in Mitteleuropa, um neue Wohnorte zu suchen. Erste Anfänge einer keltischen Kultur auf den Britischen Inseln.
390 v. Chr.:	Kriegerische keltische Stämme fallen in Italien ein, besiegen die römische Armee und greifen Rom an.
300 v. Chr.:	Auf der Suche nach neuen Siedlungsgebieten dringen Kelten bis in die heutige Türkei und Griechenland vor.
200 v. Chr.:	In Europa entstehen erste keltische Städte (z. B. Manching).
58 v. Chr.:	Cäsar erobert das keltische Gallien.
53–52 v. Chr.:	Vercingetorix und die Gallier lehnen sich gegen die römische Besatzung auf, erleiden jedoch eine Niederlage.
7 v. Chr.:	Ende der La-Tène-Zeit
43 n. Chr.:	Die Römer erobern das keltische Britannien. Nur Wales und Schottland können sich den Eroberern widersetzen.
40 n. Chr.:	Die letzten keltischen Siedlungen in Süddeutschland werden von den Römern erobert.

Die Eisenzeit

Vor mehr als 3 000 Jahren entdeckten die Völker Kleinasiens ein neues Metall: Statt wie bisher Bronze verwendeten sie von nun an Eisen, um Waffen und Werkzeuge zu fertigen. Das war eine einmalige Entdeckung, denn die Erze, aus denen man Eisen gewinnt, kamen häufiger vor und waren leichter zu finden. Zur Herstellung von Bronze dagegen benötigte man kostbares Zinn und Kupfer, die sich beide nur sehr schwer beschaffen ließen.

Der größte Vorteil des Eisens gegenüber der Bronze allerdings war, dass man aus dem härteren Eisen strapazierfähigere, haltbarere Geräte und Waffen herstellen konnte. Zwar war das neue Metall schwieriger zu verarbeiten, doch das nahm man dafür gern in Kauf.

Um 800 v. Chr. hatte sich diese neue Technik der Metallverarbeitung bis nach Europa verbreitet. Auch die dort lebenden Stämme begannen, Schwerter, Dolche, Messer, Äxte, Speere, Zangen, Hämmer, Pflugscharen und Sensen aus Eisen zu fertigen und die weichere Bronze nur noch für Schmuck, Fibeln, Spiegel, Kessel und zur Verzierung zu verwenden.

Von diesem Zeitpunkt an spricht man in Europa von der Eisenzeit.

Die Entdeckung des Eisens brachte schwer wiegende Veränderungen mit sich. Mit der Einführung des eisernen Pfluges konnte man größere Felder bestellen und mehr Getreide anbauen. Da es deswegen mehr Nahrung gab, wuchs die Bevölkerung. Gleichzeitig begann das Zeitalter der Kriege, denn eiserne Schwerter und Speere halfen, Schlachten zu gewinnen.

Die Eisenzeit in Europa wird eingeteilt in die frühe Eisenzeit (800 – 450 v. Chr.), auch Hallstattzeit genannt, und die späte Eisenzeit oder La-Tène-Zeit (450 v. Chr. – Christi Geburt).

Mit der Ankunft der Römer, die sich kurz vor Christi Geburt nördlich der Alpen ausbreiteten, endet diese Epoche, obwohl Werkzeuge aus Eisen bis zum heutigen Tag verwendet werden.

Die Kelten

Etwa zur gleichen Zeit, als sich die Eisenverarbeitung in Europa verbreitete, tauchte im Alpenraum eine Volksgruppe auf, die bald den ganzen Kontinent beherrschen sollte. Die ersten griechischen Händler und Reisenden, die auf diese Stämme stießen, nannten sie *Keltoi*. Wir bezeichnen sie als Kelten.

Die Kelten waren kein einheitliches Volk, das einem Führer unterstand. Vielmehr setzten sie sich aus zahlreichen Stammesgruppen zusammen, die die gleichen Sitten und Bräuche teilten und deren Sprachen miteinander verwandt waren.

Die keltischen Stämme lebten anfangs in Dörfern, doch bald entstanden an zahlreichen Orten befestigte Siedlungen, die von mächtigen Fürsten beherrscht wurden. Später gründeten die Kelten Städte, die zu Zentren für Handwerk und Handel wurden und die in Kriegszeiten den Menschen Zuflucht boten.

Ein ausgedehntes Handelsnetz, das sich über ganz Europa erstreckte, garantierte den Kelten einen neuen wirtschaftlichen Wohlstand, und die Menschen der keltischen Welt lebten besser als je zuvor.

Doch die Bevölkerung nahm immer mehr zu, und bald waren viele Stämme gezwungen, ihre ursprünglichen Wohnorte zu verlassen, um sich nach neuen Siedlungsgebieten umzusehen. Mit diesen großen Wanderungen, die um 400 v. Chr. einsetzten, breitete sich die keltische Kultur weiter in alle Himmelsrichtungen aus, von Italien bis England, von Spanien bis in die heutige Türkei. Allerdings verlief diese Suche nach Neuland nicht immer friedlich. Es kam zu Kämpfen mit der ansässigen Bevölkerung, und die Kelten hatten bald den Ruf, ein wildes, kriegerisches Volk zu sein.

Die keltische Herrschaft über Europa dauerte 800 Jahre. Erst als die Römer ihr Reich immer weiter nach Norden ausbreiteten, wurde ihre Machtstellung langsam geschwächt. Die keltische Kultur wurde immer weiter in Randgebiete zurückgedrängt. Nur auf den Britischen Inseln und in der Bretagne konnten sich Reste der keltischen Kultur bis zum heutigen Tag erhalten.

Salz, das weiße Gold der Kelten

Eine der Hauptursachen für den wirtschaftlichen Aufschwung und den Wohlstand der Kelten war ein Produkt, das für uns heute als selbstverständlich gilt: Salz.

Vor der Erfindung des Kühlschranks war Salz jedoch so wertvoll wie Gold. Da ungekühltes Fleisch schnell verdarb, musste es, wenn man in den langen Wintern nicht verhungern wollte, haltbar gemacht werden. Eine Methode war, es in Salz einzulegen, denn Salz tötet Bakterien. Auf diese Weise verfault Fleisch, Fisch und Gemüse nicht und kann viele Monate lang aufbewahrt werden.

Da es in den Alpen neben Eisenerzvorkommen auch reiche Salzlager gab, begannen Siedler im österreichischen Hallstatt bereits vor mehr als 3000 Jahren, tiefe Stollen in den Berg zu schlagen, um das Salz abzubauen. Zwar war es harte Arbeit, bis zu den Gesteinsschichten, die reines Steinsalz enthielten, vorzudringen, doch die Mühe lohnte sich. Salz brachte einen guten Preis. Die Hallstätter wurden reich und kontrollierten bald den gesamten Salzmarkt.

Erst um 600 v. Chr. tauchte am Dürrnberg, in der Nähe von Salzburg, Konkurrenz auf: Bergleute hatten begonnen, auch dort die Salzlagerstätten auszubeuten. Da dieses Bergwerk verkehrsgünstiger in der Nähe eines Flusses lag, hatte es Hallstatt bald an Wichtigkeit übertroffen.

Das „Weiße Gold“ brachte den Kelten am Dürrnberg großen Wohlstand. In wenigen Jahren hatte sich der Ort in ein blühendes Industriezentrum verwandelt, in dem nicht nur Salz abgebaut, sondern Waren jeder Art gefertigt wurden. In der Gewerbesiedlung wurden die besten Waffen, die feinsten Lederschuhe und die originellsten Fibeln hergestellt, Qualitätsprodukte, die in ganz Europa begehrt waren. Die Dürrnberger ihrerseits importierten Luxusgüter aus fernen Ländern wie Bernstein aus dem Norden und etruskischen Wein, Korallen und griechische Töpferware aus dem Süden.

Weil Salz nicht nur Nahrungsmittel haltbar macht, sondern auch andere vergängliche Materialien wie Leder und Textilien, stellen die alten Stollen für Archäologen eine wahre Fundgrube dar.

Tief im Berg fand man Schaufeln und Pickel, mit denen keltische Bergleute einst Steinsalz schlugen, sowie lederne Rucksäcke, mit denen sie es aus dem Berg transportierten. Abgebrannte Kienspäne zeigen uns, wie man die dunklen Gänge beleuchtete. Stoffreste, Kappen, Fellmützen und durchgelaufene Schuhe, die die Bergleute vor langer Zeit vergessen haben, geben Aufschluss über ihre Kleidung.

Und wir wissen sogar, was sie aßen: Man fand einen 2 500 Jahre alten Wurstzipfel!

Die Kelten in Europa

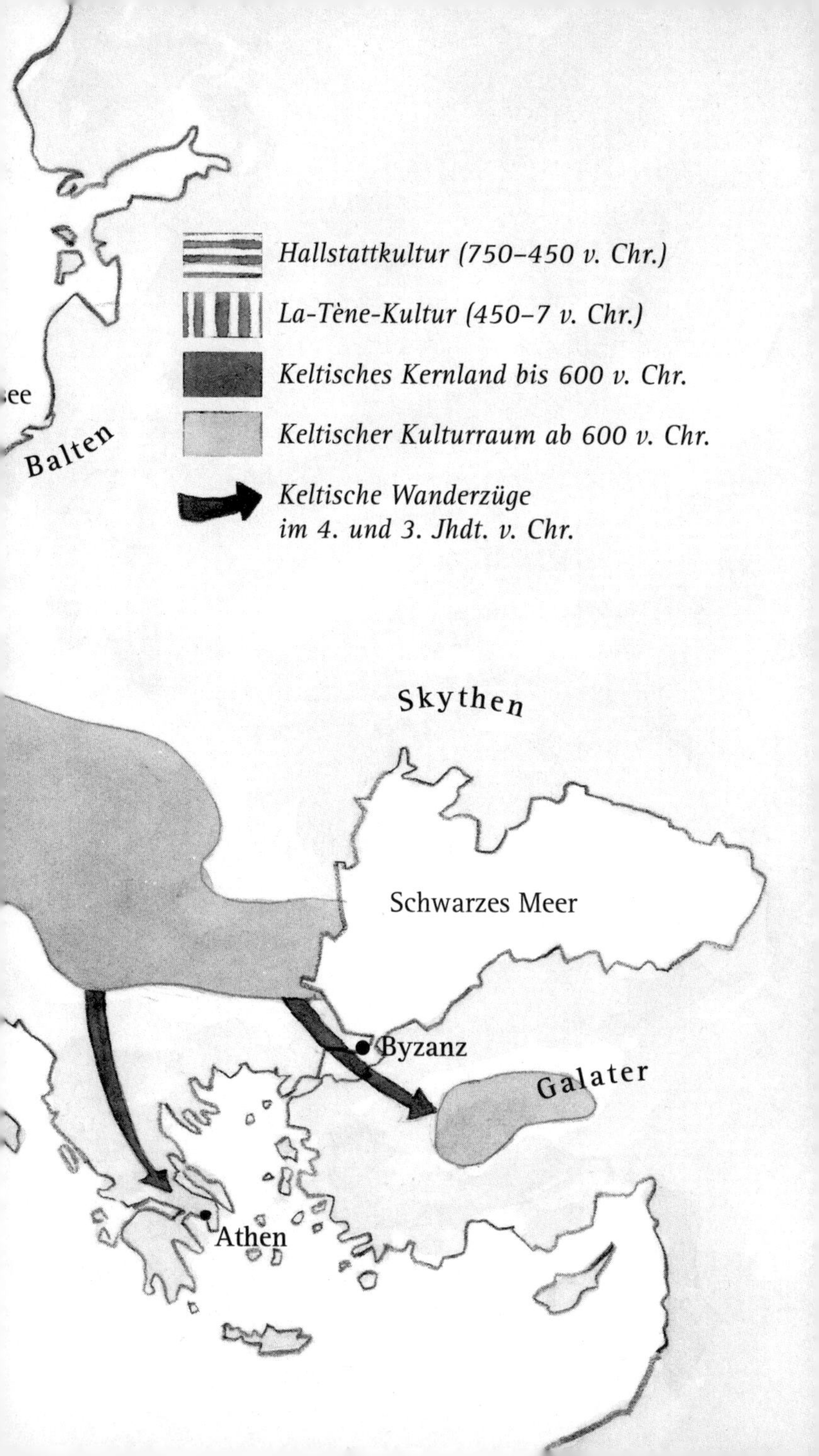
ee
Balten
Hallstattkultur (750–450 v. Chr.)
La-Tène-Kultur (450–7 v. Chr.)
Keltisches Kernland bis 600 v. Chr.
Keltischer Kulturraum ab 600 v. Chr.
Keltische Wanderzüge im 4. und 3. Jhdt. v. Chr.
Skythen
Schwarzes Meer
Byzanz
Galater
Athen

Renée Holler, Jahrgang 1956, studierte Ethnologie und arbeitete zunächst als Buchherstellerin, bevor sie auf Reisen rund um die Welt ging. Seit 1992 lebt sie mit ihrem Mann und ihren zwei Kindern in England, wo sie schreibt und übersetzt.

Günther Jakobs, geboren 1978, studierte Design und Philosophie und arbeitet seitdem als Kinder- und Jugendbuchillustrator. Wenn er eine Pause braucht, setzt er sich an sein Klavier oder spielt Klarinette. Er *macht* aber nicht nur Musik, sondern *hört* sie auch gerne – am liebsten Jazz. Günther Jakobs wohnt und arbeitet in Münster.

TATORT
GESCHICHTE

Historische Ratekrimis

Geschichte erleben und verstehen!

Zwei Ratekrimis im Sammelband!

www.loewe-verlag.de

TATORT
ERDE

Ratekrimis aus aller Welt

- *Spannende Sachinformationen und viele Rätsel*
- *Wissenswertes über landestypische Besonderheiten*
- *Ausführliches Glossar*

Loewe